Servus!

2025 feiert Wien einen seiner größten Musiker – die Rede ist von Johann Strauss Sohn, Schöpfer des Donauwalzers und anderer Schlager, die bis heute das Lebensgefühl an der Donau definieren. Zu seinem 200. Geburtstag (1825–1899) hat der „Walzerkönig" ein neues Museum bekommen, das mit allen Schikanen der Multimedia-Technik und der geballten Kraft seiner Musik ausgestattet ist – ein beschwingterer Start in den Wien-Besuch ist schwer vorstellbar!

HIER LÄSST ES SICH HERRLICH LEBEN

Stadt mit der weltweit höchsten Lebensqualität – diesen Titel heimst Wien seit einigen Jahren regelmäßig ein. Was diese ausmacht? Vielleicht lässt es sich damit beantworten: Eben hat die UNESCO die Wiener Würstelstände in das nationale Verzeichnis des immateriellen Kulturerbes aufgenommen, wie schon einige Jahre zuvor die Wiener Heurigenkultur, die Wiener Kaffeehauskultur und den Wiener Walzer. Da liegt der Schluss nahe: Wo Essen, Trinken und Tanzen so einen hohen Stellenwert genießen, lohnt sich ein Besuch allemal. Auch die Zahlen sprechen eine deutliche Sprache. Wien verzeichnete 2024 im Hinblick Gästezahlen das beste Jahr seiner Geschichte. Da kann es in der City schon mal etwas eng werden.

HINAUS INS GRÜNE

Aber Wien hat auch viel Grün zu bieten. Wienerwald und der Nationalpark Donauauen liegen vor der Tür. Am schönsten: Mit Bus 38 A auf den Kahlenberg und auf den Stadtwanderweg 1 einbiegen. Die letzten Höhen des Wienerwaldes machen Weinbergen Platz, immer schöner wird der Blick auf die Stadt und die Donau. Und in einer der herrlich gelegenen Buschenschenken fällt der letzte Stress ab …
Probieren Sie es aus!

Stefan Spath
Autor dieses DUMONT Bildatlas

Toni Anzensberger ist in Pressbaum vor den Toren Wiens zuhause. Zum Wandern hat er es von dort nicht weit in den Wienerwald.

28

Mit Blick auf die Peterskirche: Fiaker am Graben in der Inneren Stadt

77

Der Beethovenfries: Gustav Klimt malte diesen Bilderzyklus für das Gebäude der Wiener Secession.

24

Wiens große Sehenswürdigkeit und ein Wahrzeichen der Stadt: der Stephansdom

50

Walzerseligkeit: Der Opernball bildet den Höhepunkt im Reigen der Wiener Feste.

Unsere Favoriten

Abseits ausgetretener Pfade
Entspannte Shopping-Erlebnisse jenseits der bekannten Adressen

Speisen wie ein Wiener
Das Beisl ist das typische Esslokal der Wiener, gutbürgerlich und immer gemütlich.

Auf schrägen Pfaden durch Wien
Fachkundig geleitete Streifzüge abseits der üblichen Wien-Klischees

Das Beste erleben

Berührend, aufregend und spannend ...
sind unsere Ideen, die wir für Ihren Aufenthalt
in Wien zusammengetragen haben.

Reiner Genuss

1

ALTE DONAU:

Pack die Badehose ein! Die Strandbäder Gänsehäufel und Co. verheißen Abkühlung und entspannte Bootstouren.

Seite 69

2

PRATER

Ob eine Riesenrad-Runde, ein Hauptallee-Spaziergang oder eine Schweizerhaus-Stelze – im Prater kommt keine Langeweile auf.

Seite 70

Grüne Wunder

3

KAHLENBERG

Von Wiens schönster Aussichtsloge durch Weinberge hinab in die Stadt – Stärkung beim Heurigen inklusive.

Seite 99

Atmosphäre pur

* 4 *

RATHAUSPLATZ

Festivals, Markttreiben, Sport-Events – vor dem Haus am Ring zeigt sich Wien weltoffen und erlebnisreich zugleich.

Seite 55

* 5 *

DONAUKANAL

Die sommerliche Flaniermeile Wiens bietet Szenelokale, Strandflair und jede Menge Spaß.

Seite 71

* 6 *

SCHÖNBRUNN

Auf Grand Tour durch das Habsburger-Paradeschloss und den Schlosspark. Je früher am Morgen, desto entspannter.

Seite 100

Große Kunst

* 7 *

STEPHANSDOM

Wiens Wahrzeichen ist eine Schatztruhe der gotischen Kunst und steckt voller Überraschungen.

Seite 35

* 8 *

HOFBURG

Wo schlief der Kaiser? Wie hielt sich „Sisi“ fit? Ein Blick ins einstige Zentrum der Habsburger-Macht.

Seite 55

* 9 *

KUNSTHISTORISCHES MUSEUM (KHM)

Die weltgrößte Bruegel-Sammlung, die Saliera … Das KHM gehört zu den Top Ten der Welt.

Seite 56

* 10 *

MUSEUMSQUARTIER

Museen, Lokale, Events – im MuseumsQuartier gesellt sich das pralle Leben zur Kunst.

Seite 85

* 11 *

BELVEDERE

Das Belvedere präsentiert Meisterwerke von Gustav Klimt, allen voran „Der Kuss“.

Seite 86

SERVUS IN WIEN!

Imperiale Fassaden, Embleme des untergegangenen Kaiserreichs, Fiaker: Am Michaelerplatz vor den Toren der Hofburg zeigt sich Wien von seiner nostalgischen Seite.

ZUGPFERDE DES WIEN-TOURISMUS …

… sind die Heurigenlokale und die Kaffeehäuser, Kaiserin „Sisi“ und die Wiener Sängerknaben und die weltberühmten Lipizzaner, die nach bestandener Ausbildung den Titel „Professor“ führen. Gestriegelt und herausgeputzt präsentieren sich hier zwei der Edelhengste vor einem ihrer Auftritte in der Spanischen Hofreitschule.

ÖGV

WIE ES EUCH GEFÄLLT

An der Ringstraße reihen sich die wichtigsten Kulturtempel Wiens, darunter das 1888 eröffnete Burgtheater. Großes Schauspiel wird auch gegenüber geboten. Ob Musikfilm-Festival, Christkindlmarkt, Eistraum oder Festwochen-Eröffnung – der große Platz vor dem Rathaus ist Aushängeschild für die weltoffene Stadt.

AUS DEM VOLLEN GESCHÖPFT

Wenige Metropolen haben so viele Kunstschätze zu bieten wie Wien. Das Kunsthistorische Museum lockt mit der größten Bruegel-Sammlung der Welt, das Belvedere mit Schlüsselwerken von Gustav Klimt, und die Albertina beherbergt eine der wertvollsten grafischen Sammlungen weltweit.

VOM MAUERBLÜMCHEN ZUM FREIZEITMEKKA

Alles neu: So lautet seit einiger Zeit die Devise am lange vernachlässigten Donaukanal. Hier, wo der Fluss einen Boten an den Rand der Innenstadt entsendet, erstreckt sich die jüngste Wiener Freizeitmeile.

AFRO COFFEE

Bitte nicht betreten!

AUF ZEITREISE INS KLOSTER

„Die meisten sogenannten Sehenswürdigkeiten sind vom vielen Hinschauen ganz abgenutzt“: Wem es so geht wie dem Wiener Original Helmut Qualtinger, der muss raus aus der Stadt. Zu einer Zeitreise wird der Besuch des Klosters Heiligenkreuz. Sieben Mal am Tag versammeln sich die Mönche in der Abteikirche, um mit meditativem Gesang Gott zu preisen.

GUTE TRADITION

Nur einen Steinwurf vom Stephansdom entfernt, war der Graben (Foto) Wiens erste Fußgängerzone. Auch die Kärntner und die Mariahilfer Straße bilden heute ein Mekka der Fußgänger.

KNIZE
SALE
CHANEL
DF

Kleine Einkaufsstraßen

ABSEITS AUSGETRETENER PFADE

Abseits der bekannten Einkaufsdressen – Kohlmarkt, Kärntner oder Mariahilfer Straße – locken Erlebnisse der entspannteren Art. Von den Kreationen aus dem Modemekka im Bezirk Neubau bis zum ausgefallenen Upcycling aus dem Freihaus-Viertel spannt sich der Bogen. Auch in die Altstadtläden mit k.u.k.-Tradition sollte man mal einen Blick werfen.

1 Entspannter City-Einkauf

Ein entspanntes Shopping-Universum erstreckt sich auf der Wollzeile. Die Biopioniere von Sonnentor (Wollzeile 14) verwöhnen ihre Kunden mit raffinierten Tee- und Gewürzkompositionen; seit 1870 bereits im Geschäft ist Thee-Schönbichler (Wollzeile 4), das als zweites Standbein exquisite Spirituosen zu bieten hat. Bea's Feinstes (Wollzeile 22) steuert aus Salzburg ausgefallene Schokoladesorten und Konfekt bei. Feinkost, edles Geschirr und feine Mode findet man zwischen Stephansdom und Ringstraße auch. Viel zu lesen gibt es in der Buchhandlung Morawa (Wollzeile 11).

Die Qual der Wahl haben Flaneure in Sachen Kaffeehaus: Am oberen Ende lockt das Diglas mit erlesenen Torten, am unteren Ende das 2024 frisch renovierte Prückel mit 1950er-Jahre Flair. Und für den großen Hunger gibt's den Plachutta.

Wollzeile, 1. Bezirk, U1/U3 Stephansplatz, U3 Stubentor; www.wollzeile.com, www.sonnentor.com, www.beasfeinstes.at, www.morawa-buch.at

2 K.u.k.-Nostalgie

Die Ära der k.u.k.-Hoflieferanten ist seit über 100 Jahren Geschichte, doch mancherorts kauft man in der Innenstadt noch ein wie zu Kaisers Zeiten. Wo einst der „Knopfkönig" ansässig war, bringt heute der „Schokoladenkönig" Leschanz seine süßen Kreationen an das Publikum. Das Interieur aus der Monarchie blieb, wie es war, allein wegen der dunkelbraunen Schubladenschränke ist der Laden in der Freisingergasse 1 ein Muss für Nostalgie-Shopper. K.u.k.-Patina verströmt auch das Tuchgeschäft Wilhelm Jungmann & Neffe (Albertinaplatz 3). Erlesenste Stoffe, Krawatten, Tücher, Schals – ansehnlich arrangiert in Regalen und unter einem Deckengemälde aus der Ringstraßen-Ära. Die Juweliere A. E. Köchert (Neuer Markt 15) fertigten für Kaiserin Elisabeth ein berühmtes Set von 27 Brillantsternen an. Das Set gibt es wieder, auch der Laden selbst ist ein Juwel.

1. Bezirk, U 1/U3 Stephansplatz; www.leschanz.at, www.wjn.at,, www.koechert.com

3 Modemekka

Im Grätzel (Viertel) um Kirchen-, Siebenstern- und Neubaugasse knüpfen junge Designerinnen an große Modegeschichte an. Stylishe Kleidung schmückt die Auslagen bei ulliKo (Kirchengasse 7). Weltruf genießen die Taschen von Ina Kent (Siebensterngasse 50). Sollte Brad Pitt mal wieder eine lässige Kopfbedeckung brauchen: Hut Mühlbauer (Neubaugasse 34) ist ihm ja bekannt. Im art point (Neubaugasse 35) präsentiert die aus Russland stammende Designerin Lena Kvadrat ihre avantgardistische Mode.

Neubau-Viertel, U3 Neubaugasse, U2 Museumsquartier, Bus 13 A Mariahilfer sowie Westbahnstraße, Straßenbahn 49 Siebensterngasse; www.ulliko.com, https://inakent.com, http://www.artpoint.eu

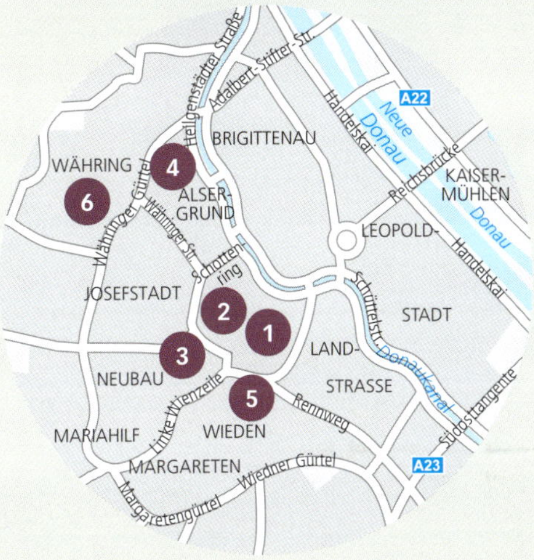

4 Bezaubernd

„Klein-Paris" lautet der Beiname des charmanten Servitenviertels im neunten Bezirk. La Mercerie (Berggasse 25) punktet mit herrlichen Croissants. Der Blick fällt gegenüber auf die prachtvolle Ladenfront der Xocolat Manufaktur (Servitengasse 5) – ein Schlaraffenland für Pralinenliebhaber. Nur ein paar Meter weiter verlockt La Pasteria mit Feinem aus Italien. Und rund um die barocke Servitenkirche bietet Wien beinahe ein dörfliches Ambiente.

Servitenviertel, 9. Bezirk, Servitengasse und Berggasse, U4 Rossauer Lände, Straßenbahn D Schlickplatz; www.xocolat.at, www.lapasteria.at

5 Angesagte Kreative

Auch im Freihaus-Viertel in Naschmarkt-Nähe geben Kreative den Takt an. Aus alt mach trendig, so die Devise bei Gabarage Upcycling Design (Schleifmühlgasse 6), wo vermeintlich Ausrangiertes zu originellen Lampen oder Modegadgets wie Rucksäcken und witzigen Accessoires bzw. stylishen Halsketten und Ohrringen veredelt wird. Fashionistas kommen bei Flo Vintage (Schleifmühlgasse 15) auf ihre Kosten. Dazu gibt es verblüffende Fachgeschäfte für Perlweine, Kochbücher und Möbeldesign. Im Generationencafé Vollpension verführen sündhaft gute Kuchen wie bei Oma (Schleifmühlgasse 16).

Freihaus-Viertel, 4. Bezirk, Schleifmühlgasse zwischen Wiedner Hauptstraße und Wienzeile, U1, U2, U4 Karlsplatz, Bus 59A Schleifmühlgasse, Straßenbahn 1 und 62 Paulanergasse; www.gabarage.at, www.flovintage.com

6 Klein und fein

Abseits touristischer Pfade verspricht der Kutschkermarkt in Wien-Währing ein entspanntes Einkaufserlebnis. Die Verkaufsstände rund um die Kirche St. Gertrud halten vom Biogebäck bis zum Grubenkraut ein Panoptikum an Genüssen bereit. Bei Mayr Delikatessen gibt's ausgefallene Käsesorten und weitere Spezialitäten – samt Verkostung vor Ort! Vom Café Himmelblau aus hat man das Treiben im Blick, das am Samstag mit dem Bauernmarkt noch einen Zahn zulegt. Die Shops auf der Währinger Straße runden das Angebot des „Mini-Naschmarkts" im bürgerlichen Vorort ab. Eine Confiserie, Boutiquen und Petra Hartliebs charmanter Buchladen (Währinger Straße 122) – alles im Umkreis von lediglich 50 Metern.

Kutschkermarkt, 18. Bezirk, Kutschkergasse und Währinger Straße, U6 Währinger Straße, Straßenbahnen 40 und 41 Kutschkergasse; www.amkutschkermarkt.at

Innere Stadt

*

RUND UM DEN STEPHANSDOM

*

Gassen mit mittelalterlichem Charme, quirlige Shopping-Meilen und ungezählte Straßencafés machen die Innere Stadt zum Magneten für jeden Wien-Besucher. Über den touristischen Trubel zu seinen Füßen wacht würdevoll und gelassen der Stephansdom: Schlank und elegant markiert „der Steffl“ das Zentrum der Stadt.

Blick vom Nordturm des Stephansdoms: Die Sommersonne versinkt im Westen Wiens

Mit bestem Blick auf den Stephansdom, dessen Steildach bunte Dachziegel zieren: Wintergarten des Do & Co Restaurant im Haas-Haus am Stephansplatz

VIELE GEHEIMNISSE RANKEN SICH UM DEN WICHTIGSTEN GOTISCHEN SAKRALBAU ÖSTERREICHS.

Heute sind es Wolkenkratzer im Orient und Fernost, die das höchste an Architekturgefühlen zum Ausdruck bringen – im späten Mittelalter war der gotische Stephansdom gut 50 Jahre lang das höchste Gebäude Europas. Das Wahrzeichen und spirituelle Zentrum der Stadt ist eine faszinierende Zeitkapsel voller Überraschungen – von den Katakomben bis zum Turmkreuz 136,4 Meter über dem Menschengewühl des Stephansplatzes.

Viele Geheimnisse und kuriose Details ranken sich um den wichtigsten gotischen Sakralbau Österreichs. Bei der Renovierung der Turmspitze im Jahr 2008 kam Erstaunliches ans Tageslicht: eine Kielfeder und eine Urkunde von Kaiser Franz Joseph, auch eine Fotografie mit der Belegschaft der Dombauhütte, die 150 Jahre zuvor die schwierige Arbeit meisterte, das Turmkreuz neu zu montieren.

St. Stephan war ursprünglich einmal eine Kirche der einfachen Wiener und Wienerinnen. Zur gotischen Dienstbotenmadonna beteten einst Wiens Mägde und Knechte, die ein schweres Los erwischt hatten. Am Adlertor unter dem Nordportal ragt eine unscheinbare Eisenspule aus dem Sandstein – Leopold III. hatte diesen Ort vor etwa 600 Jahren als Zuflucht bestimmt. Durch Berühren des Asylrings, den die Wiener bald Leo nannten, stand man unter Schutz. Wenn Wiener Kinder heute beim Fangenspielen „Bin im Leo!“ ausrufen, so sind sie im geschützten Bereich tabu für den Fänger – und stehen zum anderen in einer Tradition, die ins Mittelalter zurückreicht.

SEHT, WAS ICH GESCHAFFEN ...

Tausende Besucher strömen Tag für Tag in die Domkirche, um das erhabene gotische Ambiente auf sich wirken zu lassen. Von der prachtvoll gearbeiteten Domkanzel blickt den Betrachter der „Fenstergucker“ an, wahrscheinlich ein Selbstporträt des Steinmetzmeisters, als wolle er über die Jahrhunderte sagen: Seht, was ich geschaffen. Auch wenn die Bindung der Religion nachgelassen hat, so werden doch von der Früh an bis in den Abend Gottesdienste abgehalten, in mehreren Sprachen nehmen Priester die Beichte ab. Und trotz des ständigen Kommens und Gehens ist die Atmosphäre respektvoll – Bereiche sind für jene abgetrennt, die in Ruhe beten wollen.

Der markante Südturm ist bis zu einer Höhe von 67 Metern für Besucher zugänglich. Eine enge Schneckentreppe windet sich über 343 Stufen vorbei an gotischen Fratzen hinauf in die Türmerstube, wo die Wächter der Stadt nach Bränden Ausschau hielten. Die jetzigen Turmkletterer zieht das atemberaubende

Zu den ältesten Teilen des Stephansdoms gehört das Riesentor, der Hauptzugang, samt den beiden flankierenden Heidentürmen. Um deren Erhaltung kümmert sich die Dombauhütte – zu tun gibt es immer etwas (links). Rechts: Wien-Blick vom LOFT Restaurant des Hotels So/Vienna auf den Stephansdom.

Die spätbarocke Peterskirche mit ihrer markanten Kuppel wurde zu Beginn des 18. Jahrhunderts in Anlehnung an ihr gleichnamiges römisches Vorbild errichtet.

Das Kirchenschiff des Stephansdoms säumen Altäre und Kapellen aus allen Jahrhunderten der Existenz dieser erzbischöflichen Kathedrale.

Boutiquen, Juweliere und Souvenirhändler machen hier glänzende Geschäfte: Kohlmarkt mit der Hofburg im Hintergrund (rechts).
Unten: Eine Wiener Institution ist das „Hotel Sacher" in der Philharmonikerstraße.

Die Flaniermeile Graben war einst der Wehrgraben eines Römerlagers. Seit 1693 schmückt den Ort unübersehbar die barocke Pestsäule, die von Kaiser Leopold I. zum Dank für das Ende der Pestepidemie in den 1670er-Jahren gestiftet wurde.

Das im Jahr 1860 errichtete Palais Ferstel bietet in seiner Passage wetterunabhängiges Einkaufsvergnügen.

Mit 2 PS geht es über den Platz Am Schulhof vorbei am reich bestückten Uhrenmuseum.

Panorama an. Bis zum Kahlenberg und zum südlichen Wienerwald reicht der Blick. Im Vordergrund glitzert das mit 230 000 bunt glasierten Ziegeln belegte Dach der Prachtkirche.

DURCH DIE ÄLTESTEN TEILE WIENS

Der Blick von oben macht Lust auf Erkundungen. Die klappernden Hufe der Fiakerpferde, die neben dem Dom ihren größten Stellplatz haben, versetzen soundmäßig in das mittelalterliche Wien. Namen wie Bäckerstraße und Wildpretmarkt erinnern an den alten Zweck der Gassen, die sich nördlich und östlich des Stephansplatzes durch die ältesten Teile Wiens winden – jene, wo die Römer im ersten nachchristlichen Jahrhundert ihr Vindobona gegründet hatten. Hier halten Schwibbögen die Häuserzeilen auf Abstand, dort gibt ein barockes Portal einen Innenhof mit umlaufenden Pawlatschengängen frei, den laubenähnlichen Zugängen zu den Hinterhauswohnungen. In der schmalen Domgasse erinnert ein Museum an Wolfgang Amadeus Mozart, den es wie viele andere Musiker in die Residenzstadt und „Welthauptstadt der Musik" gezogen hatte.

Die noble Seite der Wiener City hebt mit dem Graben am Westende des Stephansplatzes an. Herrschaftliche Gebäude Tür an Tür, kaum eine Fassade an dem lang gezogenen Platz, die nicht ein schönes Detail zu bieten hätte. Das ganze Jahr über herrscht Hochbetrieb.

AM LOGENPLATZ DER INNENSTADT

Die Straßencafés verlangen stolze Preise – das gehört zum Standard am Graben, der zusammen mit Kärntner Straße und Kohlmarkt das „Goldene U" des Wiener Handels bildet, heutzutage durchgängig als Fußgängerzone eingerichtet. Französischer Chic neben extravaganten Schuhen aus Mailand, glitzernde Colliers aus New York neben Chronometern für den Mann von Welt. In puncto Glanz setzt das „Goldene Quartier" mit den Flagshipstores internationaler Luxusmarken noch mal eins drauf. Das Geld scheint aus dem Pflaster zu quellen, blickt man in die Schaufenster der Nobelmarken von Prada bis Alexander McQueen, von Vivienne Westwood bis Jimmy Choo. Und doch: Auch in diesem Setting behauptet sich hie und da noch ein alteingesessenes Traditionsgeschäft mit stolzer Vergangenheit als Lieferant des Wiener Hofes.

HABEN SCHON GEWÄHLT?

Die Wege durch die Innenstadt sind mit kulinarischen Versuchungen geradezu gepflastert. Wie wär's mit einem delikaten Brötchen vom Trzesniewski? Seit 1902 treffen die exquisiten Aufstriche aus der Dorotheergasse den Geschmack der Wiener. Oder doch lieber eine Mehlspeise? Das Café Diglas in der Wollzeile hat die beste Bananenschnitte der Stadt, das Café Korb ist die erste Wahl, wenn es um Apfelstrudel geht. Ganz zu Hause fühlen sich Süßspeisentiger beim Demel. In der einstigen k.u.k. Hofzuckerbäckerei am Kohlmarkt kann es passieren, wie zu Kaisers Zeiten mit „Haben schon ge-

DIE NOBLE SEITE DER WIENER CITY HEBT MIT DEM GRABEN AM WESTENDE DES STEPHANSPLATZES AN.

Ganz oben: Über ein Netzwerk von Händlern in ganz Europa und auf Auktionen brachte Maria Theresias Schwiegersohn Albert von Sachsen-Teschen rund 14 000 Zeichnungen und etwa 200 000 Druckgrafiken in seinen Besitz. Damit legte er den Grundstein der Albertina. Darunter: Chagall, Basquiat, Man Ray oder 2025/2026 Marina Abramović – mit Klassischer Moderne und Nachkriegs-Avantgarde sorgt das Bank Austria Kunstforum Wien immer wieder für Glanzlichter.

Die Kapuzinergruft im Kapuzinerkloster bietet beste konservatorische Bedingungen: Maria-Theresia-Gruft mit dem Doppelsarkophag Maria Theresias und ihres Gatten Franz Stephan.

Im Haus der Musik sind außergewöhnliche Klangerlebnisse garantiert, und jeder darf seine Fähigkeiten auch erproben.

Die Beletage in der Domgasse, die der Komponist 1784 bezog, dient heute als museales Mozarthaus Vienna.

Special

Pummerin

Die Stimme Österreichs

Der Nordturm des Stephansdoms ist die Heimat der kolossalen „Pummerin" – nach dem „Dicken Pitter" im Kölner Dom die zweitgrößte freischwingend geläutete Kirchenglocke Westeuropas und so etwas wie die „Stimme Österreichs".

Die „Pummerin" hat ein wildes Leben hinter sich. 1711 wurde sie erstmals gegossen – teilweise aus den Kanonen, die von den Türken nach der Belagerung Wiens zurückgelassen worden waren. 1945 krachte die Glocke beim Brand des Doms in die Tiefe und zerschellte. Als sie in den 1950er-Jahren in Linz neu gegossen und triumphal nach Wien gebracht wurde, ging ein Ruck durch das im Wiederaufbau befindliche Österreich.

Mit einem Gewicht von rund 21 Tonnen und einem Durchmesser von 3,14 Metern lässt sie mit ihrem dumpfen, unverkennbaren „Pummern" an Festtagen ihre Stimme erschallen und verkündet etwa auch Silvesterpfad-Besuchern in der Innenstadt den Beginn des neuen Jahres. Wenn sie außerplanmäßig erklingt, wissen die Wiener, dass etwas Ungewöhnliches passiert ist: die Wahl eines neuen Papstes etwa, das Hinscheiden eines obersten Kirchenführers, ein Trauergottesdienst für besondere Persönlichkeiten oder auch weltbewegende Ereignisse wie die Terroranschläge am 11. September 2001 in New York.

wählt?" angesprochen zu werden. Passend dazu sind es von hier nur wenige Schritte zur Wiener Hofburg, dem einstigen Machtzentrum Europas.

GESTRIEGELT UND GEWICKELT

Pferde sind in der Wiener Innenstadt als Zugtiere der Fiakerkutschen noch sehr präsent. Mit 2 PS durch die Innenstadt zu schaukeln, ist sicherlich die stilvollste (und kostspieligste) Art, die Sehenswürdigkeiten zu inspizieren. Fremdenführer sind die Fiaker – so heißen auch die Kutscher – eher nicht. „Links die Hofburg, die Herrschaften" – das Offensichtliche überwiegt. An schönen Tagen sind an die 60 Gespanne zwischen Stephansplatz, Hofburg und Ringstraße unterwegs. Das Wohl der Tiere überwachen die Behörden. So gilt die Bestimmung, dass die Pferde ab einer Temperatur von 35 Grad in der Innenstadt hitzefrei bekommen. Manchen Tierschützern ist das zu wenig, sie fordern ein komplettes Aus für Fiakerfuhrwerke – die Tiere seien dauergestresst und reizüberflutet. Letztlich muss jeder Wienbesucher selbst entscheiden, ob er sich zu einer solchen Tour entschließt. Die nobleren Brüder der Fiakerpferde sind in der Spanischen Hofreitschule zu Hause: Mit den Lipizzaner-Hengsten wird Reitkunst auf höchstem Niveau zelebriert.

Der Tafelspitz

KAISERS LIEBLINGSSPEISE

Gekochtes Rindfleisch hat in der Wiener Küche eine lange Tradition – ein Tafelspitz-Schmaus beim „Rindfleischkönig" Plachutta zählt zu den kulinarischen Höhepunkten eines Wien-Besuchs.

Im 19. Jahrhundert gehörte gekochtes Rindfleisch zu den Aushängeschildern der Wiener Küche. Größter Freund dieses Gerichts war Kaiser Franz Joseph I. Der Langzeit-Monarch ließ sich zu Mittag seine Leib- und Magenspeise auf einem silbernen Tablett an den Schreibtisch servieren, am liebsten den Tafelspitz. Das Teil vom hinteren Rücken des Rindes gilt als Gustostückerl, und ein Tafelspitz-Schmaus ist für Wien-Besucher bis heute ein Muss.

Ewald Plachutta, vielfach dekorierter Spitzenkoch und erfolgreicher Kochbuchautor, hat die altwienerische Rindfleischküche in den 1980er-Jahren neu belebt und ihr, auch was die Präsentation betrifft, neue Seiten abgewonnen. Tafelspitz & Co. stehen beim Plachutta in der Inneren Stadt (Wollzeile) und an zwei weiteren Standorten in Wien im Zentrum. Verwendet wird ausschließlich Fleisch aus heimischer Zucht von Ochsen, Färsen oder Stieren.

„Die durchgehende Fettabdeckung ist das wichtigste beim Tafelspitz", erklärt Plachutta-Küchendirektor Günter Köck. Das gute Stück wird etwa drei Stunden in schwach wallendem Wasser gegart. Etwa eine halbe Stunde vor dem Garende kommen Möhren, Lauch und angebräunte Zwiebeln hinzu, die Markknochenscheiben werden nur kurz blanchiert.

TAFELSPITZ IN DREI GÄNGEN

Der Tafelspitz wird als mehrgängiges Menü serviert – das kleine Ritual, das sich darum spannt, trägt zu der Festschmaus-Aura und zur Geselligkeit am Tisch bei. Auf die Warmhalteplatte in der Tischmitte kommt ein kupferverkleideter Topf mit der Suppe und dem geschnittenen Fleisch. Der Kellner schöpft die Rindssuppe vor, die vom Fleisch und den Markknochen ihren kräftigen Geschmack hat. Dazu passen etwa Frittaten (Pfannkuchenstreifen) oder Kaiserschöberl (salzige Teigplätzchen), auch das geschnittene Wurzelgemüse gilt als ausreichend.

Für den zweiten Gang wird das Mark ausgelöst und auf getoastetes Schwarzbrot gestrichen. Mit Salz und Pfeffer verfeinert, ergibt das ein delikates Fingerfood. Zum großen Finale wird das fingerdick geschnittene Fleisch vorgelegt, klassische Beilage sind Rösterdäpfel. Apfelmus mit Meerrettich (Apfelkren) sowie Schnittlauchsauce, in silbernen Kännchen serviert, verleihen dem Leckerbissen zusätzliche Aromen und cremige Noten. Ein perfekter Tafelspitz zerfällt beinahe auf der Zunge. Gut mit dem gekochten Rindfleisch harmonieren Gemüsesorten wie Spinat und Kochsalat.

WIENER KLASSIKER

Für den Kenner steht noch ein Dutzend weitere Kochfleisch-Spezialitäten zur Auswahl – etwa das absolut fettfreie Tafelstück oder das durchzogene, saftige Schulterscherzerl. Selbstverständlich versteht man sich beim Plachutta auch bestens auf die Zubereitung weiterer Wiener Klassiker – allen voran des goldbraun gebackenen Wiener Schnitzels.

Wien kann sich auch sehr rustikal zeigen – am Würstelstand Zum scharfen René am Schwarzenbergplatz beispielsweise (oben). Alternativ lässt sich der Tag mit einem Kaiserschmarrn versüßen – so in Landtmann's Jausen Station im Schönbrunner Schlosspark (unten).

Besser kann man die Wiener Spezialität kaum genießen: Tafelspitz im Plachutta (linke Seite und oben).

Informationen

€€€ **Plachutta**, Tel. 01 512 15 77, www.plachutta.at; tgl. 11.30–23.30 Uhr. Restaurants: Wollzeile 38, 1010 Wien; Heiligenstädterstraße 179, 1190 Wien; Auhofstraße 1, 1130 Wien
€€€ **Zum Schwarzen Kameel**, Bognergasse 5, 1010 Wien, Tel. 01 533 81 25, www.kameel.at

Plachutta – Wiener Küche, Ewald Plachutta und Mario Plachutta, Brandstätter Verlag Wien, ISBN 978-3-71060-293-1

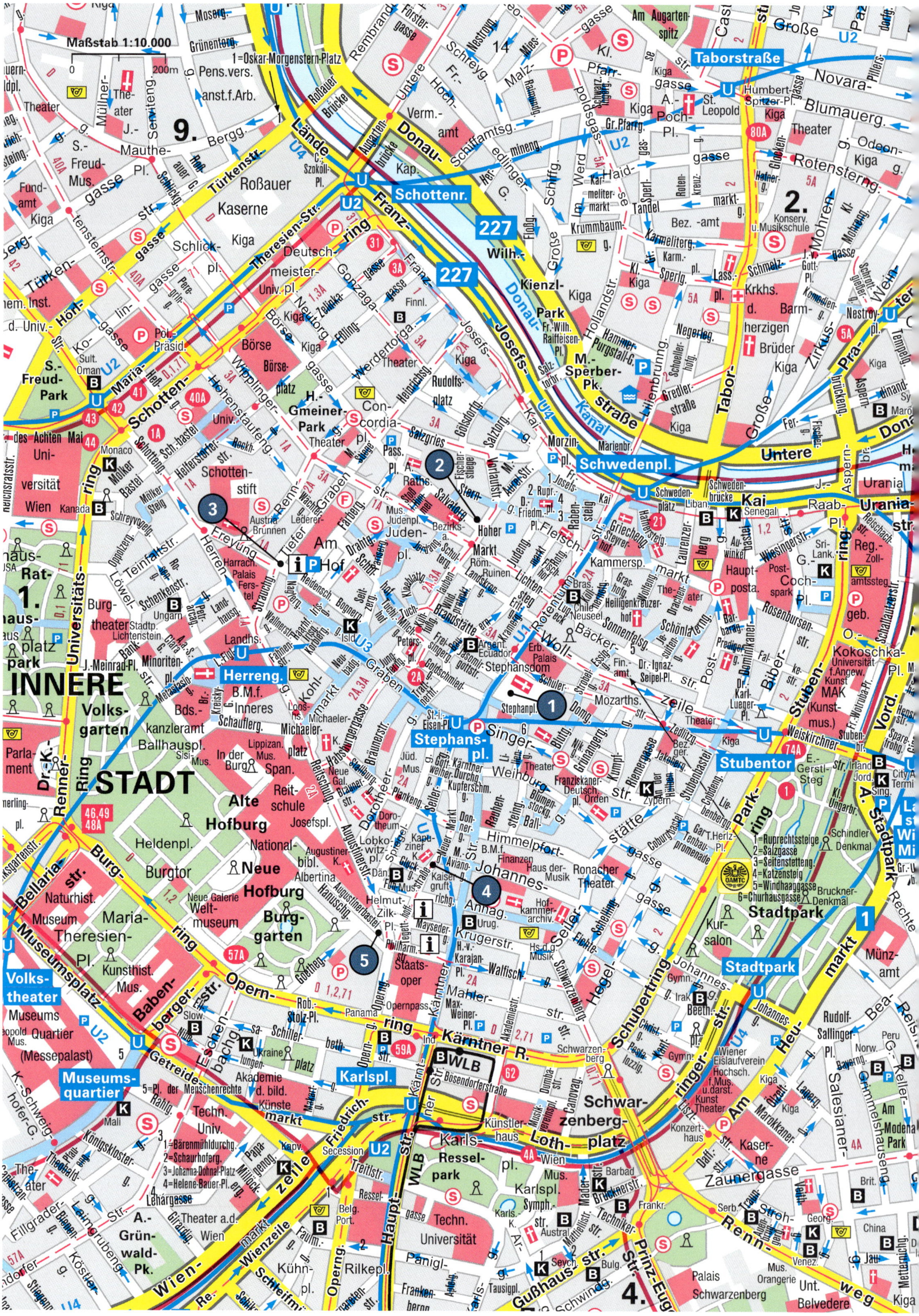

Maßstab 1:10.000
0
200m
1=Oskar-Morgenstern-Platz
9.
2.
1.
4.
INNERE
STADT
Roßauer
Kaserne
Schottenr.
Taborstraße
Schwedenpl.
Stephans-
pl.
Stubentor
Herreng.
Karlspl.
Museums-
quartier
Volks-
theater
Stadtpark
Donau-
Kanal
Börse
Votivpark
Uni-
versität
Wien
Burg-
theater
Volks-
garten
Parla-
ment
Hofburg
Neue
Hofburg
Burg-
garten
Heldenpl.
Burgtor
Maria-
Theresien-
Pl.
Naturhist.
Museum
Kunsthist.
Mus.
Museums
Quartier
(Messepalast)
Staats-
oper
Albertina
Stephansdom
Am
Hof
Judenpl.
Hoher
Markt
Ruprechts-
kirche
Schotten-
stift
Minoriten-
pl.
Ballhauspl.
Kanzleramt
Mozarths.
Franziskaner-
pl.
Ronacher
Theater
Kursalon
Stadtpark
Kärntner R.
Karlsplatz
Ressel-
park
Karlskirche
Musikverein
Künstler-
haus
Secession
Akademie
d. bild.
Künste
Techn.
Univ.
Schwar-
zenberg-
platz
Palais
Schwarzenberg
Belvedere
Konzert-
haus
Urania
MAK
Kokoschka-
Pl.
Postsparkasse
Dr.-K.-
Ring
Universitäts-
str.
Schotten-
ring
Opern-
ring
Burg-
ring
Schuberting
Park-
ring
Stuben-
ring
Franz-
Josefs-
Kai
Graben
Kohlmarkt
Singerstr.
Rotenturm-
str.
Wollzeile
Himmelpfort-
gasse
Johannesgasse
Kärntner
Str.
Naschmarkt
Wienzeile
Rechte
Wienzeile
Linke
Wienzeile
Getreide-
markt
Taborstraße
Praterstraße
Untere
Donaustr.
Große
Mohrengasse
Leopold-
gasse
Rotensterng.
Heinestr.
227
U1
U2
U3
U4
WLB
1
2
3
4
5
1=Ruprechtstiege
2=Salzgasse
3=Seitenstetteng.
4=Katzensteig
5=Windhaaggasse
6=Churhausgasse
1=Bärenmühldurchg.
2=Schaurhoferg.
3=Johanna-Dohnal-Platz
4=Helene-Bauer-Pl.
Mus. Judenpl.
Sigm.-Freud-Mus.
Naturhist.
Museum
Mus. d. Stadt Wien
Theater a.d.
Wien
Zaunergasse
Rennweg
Theresianum
Prinz-Eugen-Str.
Theater
Kiga

UM DEN STEPHANSPLATZ

Allein das Zentrum von Wien rund um den Stephansdom vereint Attraktionen, für die man tagelang unterwegs sein könnte. Die einen zieht es zum Einkaufen und Flanieren auf den Graben, andere genießen das Flair in den umliegenden Gassen, die zu den ältesten Teilen der Stadt gehören. Anreize bietet auch Wiens Wahrzeichen.

1 Stephansplatz

Der durch zwei U-Bahnlinien erschlossene Stephansplatz bildet das geografische Zentrum Wiens und den touristischen Hotspot der Donaumetropole. Bis spät in die Nacht herrscht rund um den Stephansdom reges Treiben. Attraktiv: Das Herz der Stadt ist großteils als Fußgängerzone gestaltet (U1, U3 Stephansplatz, Busse 1A, 2A, 3A).

SEHENSWERT

Der **Stephansdom** **TOPZIEL** ist Wiens wichtigstes Wahrzeichen und ein gotisches Kulturdenkmal von Weltrang. Einlass gewährt das Riesentor (1250) an der romanischen Westfassade, die noch vom Vorgängerbau stammt und von den 65 m hohen Heidentürmen flankiert wird. Der gotische Um- und Neubau der Kirche begann im 14. Jh.; 1359 legte Habsburger-Herzog Rudolf IV., genannt „der Stifter", den Grundstein zum Neubau des Langhauses (Domkirche seit 1469). Mit dem 136,4 m hohen Südturm (1433, tgl. ab 9.00 Uhr) war der „Steffl" bis zur Vollendung des Straßburger Münsternordturms höchstes Gebäude der Welt. Auf den unvollendeten Nordturm gelangt man per Aufzug (tgl. ab 9.00 Uhr); dort hängt die Pummerin-Glocke (s. auch S. 27).

Der Zutritt zum „Steffl" ist grundsätzlich frei (www.stephanskirche.at; Mo.–Sa. 6.00–22.00, So. 7.00–22.00 Uhr, manche Bereiche sind aber nur gegen eine Gebühr zu besichtigen); die kunsthistorischen Details erschließen sich am besten bei einer Führung (auch Audioguide). Ein Meisterwerk gotischer Steinmetzkunst bildet die aus Kalksandstein gefertigte Domkanzel (ab 1510). Aufmerksamkeit verdienen auch der gotische Wiener Neustädter Altar (1447) und das Grabmal von Kaiser Friedrich III. (ab 1463), eines der bedeutendsten plastischen Kunstwerke des Spätmittelalters. Auch die Katakomben können besichtigt werden, u.a. Ruhestätte für Herzog Rudolf IV., die Wiener Erzbischöfe und zahlreiche Angehörige des Hauses Habsburg (Mo.–Sa. 9.30–11.30 und tgl. 13.30–16.30 Uhr). Zugänglich ist auch die Westempore.

Über die U-Bahn-Passage Stephansplatz gelangt man in die beeindruckende **Virgilkapelle.** 1973 beim Bau der U-Bahn wiederentdeckt, präsentiert sich der schlichte gotische Sakralbau (1220) mehrere Meter unter dem Niveau des Stephansplatzes heute mit einer Schau zum mittelalterlichen Wien (www.wien museum.at; Fr.–So. 10.00–18.00 Uhr).

Auf dem Wiener Petersplatz (links). Domkanzel im Stephansdom (rechts oben). Holocaust-Denkmal am Judenplatz (rechts unten).

Kopfsteinpflaster, historische Portale, Innenhöfe mit Pawlatschengängen – auch im **Gassengewirr** rund um den Stephansdom spiegelt sich das Mittelalter wider. Schönlaterngasse, Franziskanerplatz oder Heiligenkreuzerhof zählen zu den malerischsten Ecken der Stadt.

MUSEEN

Das **Dom Museum Wien** präsentiert den Domschatz sowie Kunstschaffen der Nachkriegszeit (Stephansplatz 6, www.dommuseum.at; tgl. 10.00–18.00 Uhr). 1784 bezog Wolfgang Amadeus Mozart (1756–1791) die geräumige Beletage in der Domgasse 5; die folgenden zweieinhalb Jahre zählten zu den produktivsten des Maestros. Das **Mozarthaus Vienna** zeichnet die Wiener Jahre des Komponisten, der seine Constanze im nahen Stephansdom heiratete, anschaulich nach. Thematisiert werden auch Mozarts durch Spielsucht mitverursachte Geldnot, die ihn trotz guter Auftragslage zu Bettelbriefen veranlasste, Mozarts Tod 1791 und die Umstände seines Begräbnisses in St. Marx sowie das Alltagsleben im barocken Wien (Domgasse 5, www.mozarthausvienna.at, auch Konzertprogramm; tgl. 10.00–18.00 Uhr).

Der Schlafrock Heimito von Doderers, Peter Handkes Briefe von einer USA-Reise Ende der 1960er-Jahre, die Arbeitshose von Thomas Bernhard – das **Literaturmuseum** macht Lust auf die Werke österreichischer Schriftsteller! Schauplatz ist das ehem. k. u. k. Hofkammerarchiv, wo Franz Grillparzer tätig war (Johannesgasse 6, www.onb.ac.at; Di.–So. 10.00 bis 18.00, Do. bis 21.00 Uhr).

ERLEBEN UND AKTIVITÄTEN

Links vom Portal des Stephansdoms brechen **Wiens Fiaker** zu ihren Stadttouren auf; die kleine Rundfahrt (20 Min.) kostet 60 €. Abends wird der „Steffl" stimmungsvoll beleuchtet – beste Beobachtungsloge ist die „Onyx-Bar" im sechsten Stock des Haas-Hauses gegenüber (Stephansplatz 12, www.docohotel.com).

Von Juli bis Mitte Okt. erklingen im Dom die stimmungsvollen **Sommerkonzerte** (Fr. und

Sa. 20.30 Uhr). In der spätbarocken **Peterskirche** (um 1730) am Graben wird das ganze Jahr über anspruchsvolles Programm dargebracht (www.peterskirche.at; u. a. Orgelkonzerte tgl. 15.00 Uhr, Spende erwünscht).

EINKAUFEN

Flanieren und Shoppen steht zwischen **Graben, Kärntner Straße** und **Kohlmarkt** auf dem Programm. Die größte Dichte an Luxusshops entfaltet sich im „Goldenen Quartier" zwischen **Tuchlauben, Bognergasse** und dem Platz **Am Hof.**

2 Hoher Markt

Nördlich des Stephansdoms liegt der Hohe Markt – Keimzelle seit der römischen Besiedlung und um 1200 Zentrum städtischen Lebens mit Gerichtsgebäude, Pranger und Markt. Über die Wipplinger Straße gelangt man zum Judenplatz. Der Mittelpunkt des hochmittelalterlichen jüdischen Lebens ist heute Ort der Erinnerung (U1 und U3 Stephansplatz, Bus 1A Hoher Markt).

SEHENSWERT

An einem der ersten nachgewiesenen Standorte des Legionärslagers Vindobona (97 n. Chr.) entfaltet das **Römermuseum** mit 3-D-Visualisierungen, Modellen und zahlreichen Funden ein dichtes Panorama des Wiener Lebens im 2. und 3. Jh. Thermen, Theater und Tavernen gab es ebenso wie ein Kanalsystem (Hoher Markt 3, www.wienmuseum.at; Di.–Fr. 9.00–17.00, Sa. und So. 10.00–17.00 Uhr). Der Würstelstand am Hohen Markt lohnt einen Stopp, eine Augenweide ist die vom Jugendstilkünstler Franz Matsch gestaltete **Ankeruhr** mit zwölf Figuren zur Geschichte Wiens. Schlag 12.00 Uhr tritt das Ensemble in Aktion und paradiert zu Musikbegleitung (Hoher Markt 10).

Tipp

Einmal die Philharmoniker dirigieren!

Außergewöhnliche Klangerlebnisse sind das Markenzeichen im Haus der Musik. Bei der Würfel-Walzer-Installation komponiert ein Computerprogramm acht Zufallswürfe im Dreivierteltakt zu einem ganz persönlichen Walzer – es gibt 1,7 Mio. Kombinationen. Geistertöne, die kein Mikrofon aufnehmen kann, stellt die Klanggalerie vor. Zum Schluss sind die Besucher schon so gewieft, dass sie (virtuell) die Wiener Philharmoniker dirigieren können. Zubin Mehta gibt Tipps. Beschwingt bitte, es geht um den Radetzky-Marsch!

INFORMATION

Haus der Musik, Seilerstätte 30, www.hdm.at; tgl. 10.00–22.00 Uhr

Einmal Dirigent sein im Haus der Musik (links). Sachertorte im „Demel" am Kohlmarkt (rechts oben). Der Ruprechtsplatz ist Teil von Wiens nächtlichem „Bermudadreieck" (rechts unten).

Das **Museum Judenplatz** ruft die Geschichte der Wiener jüdischen Gemeinde des Mittelalters in Erinnerung – bis zu deren Vertreibung und Vernichtung 1420/1421. Die „Wiener Gesera" war der blutigste Pogrom im mittelalterlichen Österreich – Herzog Albrecht V. ließ die letzten 200 Überlebenden auf dem Scheiterhaufen verbrennen. Fundamente der damals zerstörten Synagoge sind zu sehen, ein virtueller Rundgang lässt Besucher in das Wien des 14. Jh. eintauchen (Judenplatz 8, www.jmw.at; So.–Do. 10.00–18.00, Fr. 10.00–14.00 Uhr). Blickfang, Symbol und weiterer Ort der Erinnerung an das jüdische Wien ist das wuchtige **Schoa-Mahnmal** von Rachel Whiteread. Auf Bodenfliesen rundum sind die Namen jener Orte festgehalten, an denen österreichische Juden während der NS-Herrschaft (1938–1945) zu Tode kamen.

3 Freyung/Am Hof

Hell und freundlich, dabei längst nicht so überlaufen wie Stephansplatz oder Graben: So präsentieren sich die Freyung und das Geviert Am Hof, zwei der stattlichsten Plätze Wiens. Bürgerhäuser, Palais und Kirchen bestimmen das Bild, kaum ein Tag, an dem nicht Markttreiben für Extra-Flair sorgt (s. „Ja natürlich", S. 37).

SEHENSWERT

Blickfang auf der leicht ansteigenden Freyung ist das um 1860 im italienischen Palazzostil erbaute **Ferstel-Palais,** das die Herrengasse abschließt. Shopping-Vergnügen bietet die prachtvolle Ferstelpassage. Mit seinem kirchenartigen Gewölbe steht das **Café Central** ihr in Grandezza nicht nach; wo sich um 1900 Künstler und Literaten austauschten, genießen heute vorwiegend Touristen zum Großen Braunen oder einer Melange einen Apfelstrudel (Herrengasse 14, www.cafecentral.wien).

Ein Geheimtipp ist der Komplex des Schottenstifts am Nordende der Freyung. Im ersten Hof der 1155 gegründeten Benediktinerabtei regieren Café und Biergarten, weiter hinten himmlische Ruhe.

MUSEEN

Mit Klassischer Moderne und Nachkriegs-Avantgarde hat sich das **Bank Austria Kunstforum Wien** einen Namen gemacht (Freyung 8, www.kunstforumwien.at; tgl. 10.00–19.00, Fr. bis 21.00 Uhr). Im weltweit einzigen **Globenmuseum** lässt sich nachverfolgen, wie die „weißen Flecken" auf der Landkarte allmählich schrumpften (Herrengasse 9, www.onb.ac.at; Di.–So. 10.00–18.00, Do. bis 21.00 Uhr).

ERLEBEN UND AKTIVITÄTEN

Auf der Freyung sorgen **Biomarkt** (Fr. und Sa.), **Ostermarkt** und **Altwiener Christkindlmarkt** für Geschäftigkeit, beim **Kunst- und Antikmarkt** Am Hof wird um Pretiosen mit Patina gefeilscht (März–Nov. Fr. und Sa.). Und auch den Rest des Jahres sind oft Marktstände aufgebaut – ein Besuch lohnt sich für Schnäppchenjäger immer.

4 Neuer Markt

Um den Hohen Markt zu entlasten, entstand im 13. Jh. der Neue Markt als weiteres Versorgungszentrum für die Stadt. Längst hat sich das Einkaufen auf die parallel verlaufende Kärntner Straße verlagert (U1/U3 Stephansplatz). Der von repräsentativen Bürgerhäusern umgebene Platz wurde in den letzten Jahren großflächig

»ICH VERSICHERE SIE, DASS HIER EIN HERRLICHER ORT IST – UND FÜR MEIN METIER DER BESTE ORT VON DER WELT.«

Wolfgang Amadeus Mozart 1781 an seinen Vater Leopold

umgestaltet. Blickfang Nummer eins ist der **Donner-Brunnen** (1739).

SEHENSWERT
Das von außen unscheinbare **Kapuzinerkloster** (17. Jh.) ist bis heute die zentrale Begräbnisstätte aller Habsburger. Maria Theresia, Franz Joseph I. und über 140 weitere Vertreter der einstigen Herrscherfamilie wurden in der Kapuzinergruft zur letzten Ruhe gebettet. Prachtvolle Barocksärge mit Reliefs von Schlachten und Krönungen künden vom Wunsch, über den Tod hinaus in Erinnerung zu bleiben. Führungen sind empfehlenswert – die Gruft bietet knappe Erläuterungen (Tegetthoffstraße 2, www.kapuzinergruft.com; tgl. 10.00–18.00 Uhr, Führungen Mo.–Sa. 14.00 und 15.30 Uhr, So. 14.00 Uhr).

5 Albertinaplatz

Über die Tegetthoffstraße gelangt man zum viel besuchten Albertinaplatz auf der Rückseite der Oper. Alfred Hrdlickas Mahnmal gegen Krieg und Faschismus und ein 64 m langes Vordach aus Titan setzen erste Ausrufezeichen. Seinen Namen erhielt das Palais von Herzog Albert von Sachsen-Teschen (1738–1822), der den Grundstein für eine der bedeutendsten grafischen Sammlungen der Welt legte.

MUSEEN
14 000 Zeichnungen und 200 000 Druckgrafiken Alberts – u. a. von Dürer, Rubens, Rembrandt, Bruegel und Michelangelo – bilden den Kernbestand der **Albertina,** die Kunstfreunde aus der ganzen Welt anzieht. „Wien um 1900" ist mit Werken Klimts, Schieles und Kokoschkas vertreten. Mit der Sammlung Essl kam eine imposante Privatsammlung zeitgenössischer Kunst hinzu. Die Schausammlung „Monet bis Picasso" macht das Haus auch für Liebhaber der Klassischen Moderne zu einem Muss. Prunkräume wie das Rokokozimmer oder das Wedgwoodkabinett lassen die Pracht fürstlicher Wohnkultur erahnen (www.albertina.at; tgl. 10.00–18.00, Mi. und Fr. 10.00–21.00 Uhr).
Im barocken Palais Lobkowitz (Urspr. ab 1685) wirft das **Theatermuseum** am Lobkowitzplatz 2 einen Blick auf die Bühnen und hinter die Kulissen sämtlicher Performing Arts (www.theatermuseum.at; tgl. 10.00–18.00 Uhr). Unweit südlich zeigt die **HeidiHortenCollection** in der Hanuschgasse 3 wichtige Werke des 20. und 21. Jh.s, u.a. von Klimt, Magritte, Warhol (https://hortencollection.com; Mo., Mi.–So. 11.00–19.00, Do. bis 21.00 Uhr). Am Schillerplatz 3 stellt die **Gemäldegalerie** der Akademie der Bildenden Künste Meisterwerke von Rembrandt und van Dyck sowie den Weltgerichts-Altar von Hieronymus Bosch zur Schau (www.akbild.ac.at; Di.–So. 10.00–18.00 Uhr).
Im **Palais Eskeles** (16. Jh.) bietet das **Jüdische Museum** einen Überblick zu Geschichte und Gegenwart der Wiener Juden und beleuchtet die Impulse des Judentums zum kulturellen und wirtschaftlichen Leben (Dorotheergasse 11, www.jmw.at; So.–Fr. 10.00–18.00 Uhr).

JA NATÜRLICH

BIO. MARKT. GENUSS!

Ein Streifzug über den Biomarkt auf der Freyung gehört zu den genussreichsten Wochenend-Vergnügungen in Wien. Hier leuchten einem von Knallgelb bis Knallrot burgenländische Tomaten-Spezialitäten entgegen. Dort bietet der „Kaszeit"-Stand sein „Best of" aus den Biohofsennereien der Alpenrepublik feil. Von der Biofleischhauerei aus Oberösterreich kommt noch etwas mürber Schinken vom Turopolje-Schwein dazu – dann ist alles für ein Picknick beisammen. Man kann den Hunger auch direkt vor der barocken Schottenkirche stillen, mit delikater Wildkräutersuppe, veganem Erdäpfel-Gröstl oder deftigen Biokäsekrainern.

Noch einen Tick entspannter ist die Atmosphäre in der bürgerlich-grünen Josefstadt, wo sich ein Teil der Langen Gasse samstags in ein Slowfood-Schlaraffenland verwandelt. Vom Leitenbauerhof im steirischen Vorau kommen köstliche Natursäfte aus Schneider- und Hirschbirnen. „Alles von unserer Streuobstwiese", erzählt Biolandwirt Michael Pongratz. Mit Elixieren von Ingwer bis Kurkuma hat sich der Obsthof Retter einen Namen gemacht.

Öle und Weine, Obst und Gemüse, mediterrane Genüsse – die Geschmacksvielfalt ist riesig, die Kulisse eine Augenweide. Die Lange Gasse bildet eines der schönsten Biedermeier-Ensembles der Stadt. Leicht kommt man mit den Standbetreibern ins Plaudern, bald entdeckt man ringsum noch weitere Läden, die sich Nachhaltigkeit auf die Fahnen geschrieben haben. Im nahen Waldviertel erzeugt GEA elegante City-Schuhe und unverwüstliche Outdoor-Treter – eine Empfehlung für alle, denen vom Sightseeing die Füße schmerzen.

Auch der Biohof Priber aus dem Burgenland hat einen Stand am Biomarkt auf der Freyung.

Biomarkt Freyung, Freyung, 1010 Wien, https://biobauernmarkt-freyung.at/; Fr./Sa., 9.00–18.00 Uhr, U2 Schottentor

Bio- und Spezialitätenmarkt Josefstadt, Lange Gasse, zwischen Josefsgasse und Josefstädter Straße, 1080 Wien, Sa. 9.00–15.00 Uhr; U2 und Tram 2, Rathaus, Bus 13A Theater in der Josefstadt

Webtipp: www.wien.info/de/lebenswertes-wien/nachhaltiges-wien

Hofburg & Ringstraße

GLANZVOLLER AUFTRITT

Der Glanz der Donaumonarchie ist in der Hofburg noch spürbar – besonders in den kaiserlichen Gemächern der einstigen Habsburgerresidenz. Die Ringstraße liefert für Architektur-, Kunst- und Musikfreunde Höhepunkte am laufenden Band. Sehen und gesehen werden ist bis heute das Motto am Prachtboulevard der Wiener, der 1865 eröffnet wurde.

Die Innenstadtseite der Hofburg prägt seit dem Ende des 19. Jahrhunderts der nach barocken Plänen entstandene Michaelertrakt.

Unterhalb der mächtigen, 50 Meter hohen Kuppel des Michaelertrakts geht es zu Fuß oder per Fiaker durch den Komplex der Wiener Hofburg.

In den Pausen zeigen sich die Fiakerpferde als soziale Wesen (Mitte links). Zu den Kaiserappartements in der Hofburg gehört auch das Arbeitszimmer Kaiser Franz Josephs I. (Mitte rechts).

Seit den 1890er-Jahren schmücken zwei monumentale Brunnen die Fassade unter den Seitenkuppeln des Michaelertraktes – hier im Vordergrund die „Macht zu Lande", im Hintergrund gegenüberliegend die „Macht zur See" .

Mehr als 200 000 Bände birgt der Prunksaal der Nationalbibliothek. Ein Standbild Kaiser Karls VI. erinnert an den Gründer der größten Barockbibliothek der Welt.

Die Wiener Hofburg bildete einst ein Machtzentrum, das auf ganz Europa ausstrahlte. Ganze Zeitläufe zurück, im 13. Jahrhundert, liegen die Ursprünge der Palastanlage – und je mehr sich das Reich der Habsburger an Territorien einverleibte, desto größer wucherte es auch mitten in Wien. Über die 18 Trakte und 2600 Räume, Höfe, Passagen den Überblick zu behalten, war damals wie heute nur wenigen vorbehalten.

Im Jahr 1918 brach für Österreich und für die Hofburg eine neue Zeitrechnung an. Die Donaumonarchie zerfiel auf den Schlachtfeldern des Ersten Weltkriegs in Trümmer, und nach 630 Jahren trat als letzter aus der Reihe der Habsburger-Kaiser Karl I. den Gang ins Exil an.

AM BETT DES KAISERS

Heute lässt sich die Hofburg als Multifunktionszentrum charakterisieren. Im Leopoldinischen Trakt residiert Österreichs Bundespräsident, die Neue Burg ist Sitz der Nationalbibliothek und Veranstaltungsort für internationale Kongresse, Bankette und Bälle. Bunte Wegweiser-Sträuße lotsen die Besucher zu den größten Attraktionen des verwinkelten Ensembles: Zu jenen Museen, die die untergegangene Ära der Habsburger in allen Details beleuchten.

Wie unter einem Glassturz sind die Kaiserappartements für die Nachwelt erhalten. Hier ist der Schreibtisch zu sehen, an dem Kaiser Franz Joseph I. (1830 bis 1916) arbeitete, seine Pfeifen in Griffweite, im nächsten Zimmer steht sein einfaches Bett. Der Monarch lebte spartanisch, seine Frau sportlich, wie Ringe und Sprossenwand im Turnzimmer Kaiserin Elisabeths (1837–1898) verraten.

Die Bayern-Prinzessin „Sisi“ steht im Mittelpunkt des Publikumsinteresses. Nach ihrer Heirat 1854 fand sie sich in einem goldenen Käfig wieder. Ihre Versuche, aus dem strengen Hofzeremoniell auszubrechen, ihr Schönheitsfimmel, ihr Schlank-

Vor allem, wenn die Stadt in Grau versinkt, hebt ein Besuch im Palmenhaus des Burggartens die Stimmung.

heitskult, ihre Schwärmereien und ihre Schicksalsschläge werden im Sisi-Museum in allen Details ausgebreitet. Zu den über 300 Objekten gehört auch der originale Totenschein der Monarchin. Sie wurde 1898 vom italienischen Anarchisten Luigi Lucheni in Genf erdolcht.

Liegt in der Hofburg, mehr noch als in Schloss Schönbrunn, ein Hauch Habsburger Nostalgie in der Luft? Oder geht es um perfekte Vermarktung? Eher Letzteres. Habsburg ist ein Name, der international zieht und Touristen en masse an die Donau bringt.

»SIEHE, DIE ZUKUNFT IST SCHON DA. UNLÄNGST SAH ICH EINEN FLEISCHHAUER MIT EINER UMGEHÄNGTEN STROHTASCHE AUF DEM RAD ÜBER DIE RINGSTRASSE JAGEN.«

Theodor Herzl,
1896 in der Neuen Freien Presse

WIEN UM 1850: RINGEN UM RAUM

Mitte des 19. Jahrhunderts ging Wien auf wie ein Hefeteig. Abertausende aus allen Ecken der Monarchie strömten in die Metropole des Vielvölkerstaats, die Wirtschaft verlangte nach mehr Platz, die Infrastruktur war hoffnungslos veraltet. Kaiser Franz Joseph I. war noch in seinen Zwanzigern und voller Tatendurst. Keine 800 Worte brauchte er, um zu Weihnachten 1857 ein Megaprojekt zu verlautbaren: Die Schleifung der Stadtmauern mitsamt ihren Bastionen und den Bau der Ringstraße, die seine Residenzstadt mit Glanz und Gloria auf der Landkarte der Weltmetropolen verankern sollte. Traditionalisten liefen Sturm gegen den Abriss des „alten Wien“, doch der Zug in Richtung Zukunft war nicht mehr zu stoppen. Walzerkönig Johann Strauss widmete den Abrissarbeitern sogar die flotte „Demolierer“-Polka.

Rund um das historische Zentrum wuchsen monumentale Gebäude für Politik (Rathaus, Parlament), Wirtschaft (Börse) und Bildung (Universität) in die Höhe, dazu kamen das Kunst- und das Naturhistorische Museum, Theater, Musiktempel und Hotels. Mit feudalen Palais wie dem Ephrussi unterstrichen Großbürgertum und Geldadel – bald die Ringstraßenbarone genannt – selbstbewusst ihre neue Rolle im Habsburgerreich. Dazwischen gaben Grünanlagen wie der Stadtpark der Bevölkerung Gelegenheit zum Verschnaufen. Schon 1865 erfolgte die feierliche Eröffnung. Doch bis alle Lücken am Ring gefüllt waren, sollte es noch bis zur Jahrhundertwende dauern – zum Leidwesen der Bevölkerung. „Was wird in Wien nicht alles gebaut, nicht alles auf offener Straße gearbeitet! Das Hämmern und Klopfen nimmt kein Ende“, klagte 1895 der Journalist Eduard Pötzl.

DIE KEHRSEITE DER PRACHT

Pracht allerorten – doch zu welchem Preis? Die kleinste Einheit der Ringstraße stellte der Ziegel dar. Produziert wurde er am Wienerberg südlich der Stadt, wo

In der Sommerpause der Spanischen Hofreitschule kommt der Nachwuchs des steirischen Lipizzanergestüts Piber „zu Besuch“ in die Hauptstadt (oben links und oben rechts). Selbst die Aufbewahrung von Zaumzeug und Sätteln hat Ritualcharakter (Mitte rechts).

Zu einem Wien-Aufenthalt gehört ein Besuch der Spanischen Hofreitschule.

Blick vom 1902 eingeweihten Pallas-Athene-Brunnen vor dem österreichischen Parlament auf die Ringstraße (oben)
Unten links: die von Gustav Klimt bis 1888 ausgemalte Feststiege des Burgtheaters

Die Architekten des Wiener Rathauses wurden von flämischer Gotik inspiriert. Im Sommer dient es als Kulisse des Musikfilmfestivals.

Seit 1921 „musiziert" ein vergoldetes Standbild des Walzerkönigs Johann Strauss im Wiener Stadtpark.

Einem antiken griechischen Tempel gleicht das gegenüber dem Volksgarten an der Ringstraße gelegene österreichische Parlament.

»WIEN BLEIBT WIEN, DAS IST GRAD DAS SCHÖNE DRAN. WIEN BLEIBT WIEN, DASS MAN SICH DRAN G'WÖHNEN KANN.«

Georg Kreisler,
Kabarettist und Sänger

skrupellose Fabrikanten die Arbeiter aus Böhmen und Mähren – im Volksmund „Ziegel-Böhmen" genannt – nach Strich und Faden ausbeuteten. Fünfzehnstündige Arbeitstage waren die Norm, auch die Kinder mussten arbeiten, die hygienischen Bedingungen in den Baracken waren katastrophal. Der Sozialdemokrat Viktor Adler prangerte 1888 als erster das systematische Unrecht an. Wien begann sich langsam in jene sozialdemokratisch geprägte Stadt zu verwandeln, die sie bis heute ist.

EIN PRACHTBOULEVARD AUCH HEUTE

Siebenundfünfzig Meter breit ist die Straße – das lässt viel Platz für Flanierer, Radfahrer und Anekdoten. Als einer der ersten Ringstraßen-Bauten entstand die Staatsoper. Aber durch eine späte Anhebung des Straßenniveaus steckte der Bau seltsam tief in der Erde, was für Spott und Kritik auch des Kaisers sorgte. Der eine Architekt Eduard van der Nüll soll sich so gegrämt haben, dass er sich 1868 erhängte. Und wenig später starb auch Ko-Architekt August Sicard von Sicardsburg an einem Herzschlag – angeblich weil er den Selbstmord seines engen Freundes nicht verwinden konnte.

Das Parlament, das Anfang 2023 nach aufwändiger Sanierung wieder seine Pforten öffnete, ist einem griechischen Tempel nachempfunden und verweist auf Athen als die Wiege der Demokratie. Das Standbild der Pallas Athene, Göttin der Weisheit, blickt in Richtung Hofburg – Kaiser, wir behalten dich im Auge, schien die Botschaft der Volksvertreter zu lauten. Die Rathausfassade würde auch in Brüssel nicht aus dem Rahmen fallen – der aus Deutschland stammende Erbauer Friedrich Schmidt knüpfte mit architektonischen Zitaten eine Verbindung zu Flanderns stolzen Städten.

SEHEN UND GESEHEN WERDEN

Schon bald wurde der Boulevard zur Bühne für das Wiener und das internationale Publikum. Manche Flanierer kleideten sich nach dem letzten Schrei der Ringstraßen-Geschäfte. „Im Knopfloch a Roserl, a recht a weits Hoserl, a ganz a kurz' Rockerl, im Aug a Monokerl, … halt't Arm weg wie Flügerl: sagn's, des is a Gigerl!", beschrieb der Journalist Eduard Pötzl den Modegecken von der Donau.

Bis heute gibt es zur Erregung von Aufmerksamkeit keinen besseren Ort als die Ringstraße. Am 1. Mai marschieren die Sozialdemokraten, dann bringt die Regenbogenparade reichlich Farbe auf den Boulevard. Beim City-Marathon mobilisieren die Läufer am Ring letzte Reserven, das Ziel am Rathaus schon in Sicht. „Hopp, hopp!“, ertönen die Anfeuerungsrufe. Manchen Autofahrern ist einfach zu viel los am Ring, sie fühlen sich um ihr Recht gebracht, schnellstens von A nach B zu gelangen. Andere raunzen wegen der Dauerevents am Rathausplatz. Kaum ist der Duft nach Zimt, Lebkuchen und Punsch verflogen, der wochenlang über dem Christkindlmarkt hing, werden schon die Bahnen für den Eistraum verlegt. Auch beim Musikfilmfestival im Sommer ist der schöne Platz gegenüber dem Burgtheater komplett verbaut. Den Besuchern jedoch gefällt, was ihnen die weltoffene Stadt zu bieten hat.

WOHLKLANG: IM MUSIKVEREIN

Mit dem Musikvereinsgebäude, das als einer der ersten öffentlichen Konzertsäle den Hunger der Wiener nach Musik stillte, gelang dem dänischen Architekten Theophil Hansen Einzigartiges. Er schuf ein perfektes Klangerlebnis in einer Zeit, als die Lehre vom Schall noch ein Buch mit sieben Siegeln war. Den Großen Saal, wegen seiner Farbgebung und opulenten Ausstattung auch Goldener Saal genannt, konzipierte Hansen in Schuhschachtelform. Eine aufgehängte Kassettendecke, Logen und ein Hohlraum unter dem Parkett als Resonanzkörper streuten die Schallwellen derart perfekt, dass schon bald nach der Einweihung im

»DIE PHILHARMONIKER PREISEN, HEISST GEIGEN NACH WIEN TRAGEN.«

Richard Strauss, Komponist der »Wiener Philharmoniker Fanfare« (Op. 109, 1924)

Jahr 1870 von einem der besten Konzertsäle der Welt die Rede war. Wohlwollend blicken die Büsten großer Komponisten von den Simsen auf das Geschehen. Auch sie helfen, den Schall bis in die hintersten Reihen zu tragen. Dort kann ein Besucher eine Triangel zwar nicht mehr sehen, aber ihren Klang glasklar vernehmen.

In Renaissanceformen: die Wiener Staatsoper (oben). Beim Vienna International Dance Festival (Mitte). Wiener Musikverein mit Karlskirche im Hintergrund (unten).

Das kostenlose Musikfilmfestival macht den Rathausplatz zum sommerlichen Anziehungspunkt der Wiener (oben). Beim Vienna International Dance Festival zeigen auch junge Kollektive wie hier „Hungry Sharks", dass urbaner Tanz – perfekt dargebracht – vom Streetstyle zur künstlerischen Performance mutieren kann (unten).

Die Gemäldegalerie des Kunsthistorischen Museums präsentiert die weltweit größte und bedeutendste Sammlung von Werken des flämischen Malers Pieter Bruegel der Ältere. Hier lässt sich gerade die Malerin Marcela Chiriac von seiner „Bauernhochzeit" (um 1568) zu eigenen Studien inspirieren.

Unverändert ansprechend und modern zeigt sich manches Exponat im Museum für Angewandte Kunst – wie diese Keramik von Leopold Forstner.

Mehr als eine Verschnaufpause: Besuch im Café des Kunsthistorischen Museums Wien

Bei der Dachführung des Naturhistorischen Museums bietet sich ein nicht alltäglicher Blick auf den Maria-Theresien-Platz mit dem Denkmal der Monarchin und auf das Kunsthistorische Museum.

Special

Kunstkammer im Kunsthistorischen Museum

Wunderliche Artefakte

Vor 400 Jahren erzählten die Wunderkammern an den europäischen Fürstenhöfen vom Anspruch, sich die Welt und ihre mannigfachen Wunder gleichsam im Kleinen anzueignen. Zu den bedeutendsten ihrer Art zählt die Kunstkammer im Kunsthistorischen Museum.

Kunstvoll gedrechselte Elfenbeinskulpturen, in Gold und Juwelen gefasste Naturobjekte von fernen Küsten, meisterliche Steinschneidekunst und Automaten, die verblüffende Aktivitäten entfalten, versetzen bis heute in Staunen. Größter Sammler unter den Habsburgern war Kaiser Rudolf II. (1552–1612).

Hier führt ein Strauß aus Silber sein eigenes Ei auf dem Rücken spazieren, dort blickt dem Betrachter eine aus Achaten und Jaspisen bestehende Ansicht Prags entgegen, die einem Gemälde täuschend ähnlich sieht. Kostbarstes Stück ist die hier abgebildete Saliera des florentinischen Bildhauers Benvenuto Cellini, ein Salzfass in filigraner Goldschmiedearbeit. Es gibt so gut wie kein Exponat, das nicht eine spannende Geschichte zu erzählen hätte. Besucher können sich mit Hilfe von Tablets in Details der so skurrilen wie kostbaren Artefakte vertiefen.

HIER SPIELT DIE MUSIK!

Der Saal ist gefrorene Zeit, man hütet sich davor, akustisch an Schrauben zu drehen; die Sitze sind eng und nicht übermäßig bequem – dem Musikerlebnis scheint dies keinen Abbruch zu tun. Begehrtestes Ticket im Jahreslauf ist das Neujahrskonzert der Wiener Philharmoniker, die 2017 ihren 175. Geburtstag feierten. 2000 Plätze gibt es, gut 700 Karten in der Preisklasse von 35 bis zu 1200 Euro hinauf werden unter den immer Zehntausenden Anmeldungen verlost.

Das Fernsehen überträgt den kulturellen Leckerbissen aus der Welthauptstadt der Musik in 90 Länder. Wenn eines der besten Orchester der Welt im vielleicht besten Konzertsaal der Welt aufspielt, dazu Stardirigenten von Franz Welser-Möst bis Gustavo Dudamel den Taktstock schwingen, lauschen weltweit gut 40 bis 50 Millionen Menschen dem großen – und grandiosen – Ereignis. Zum schneidigen Radetzky Marsch klatscht das Publikum begeistert mit, und zu den Ritualen des Neujahrskonzerts gehört es auch, dass sich die Konzertbesucher an den üppigen Blumenarrangements bedienen dürfen, sobald der letzte Ton – Nachhallzeit zwei Sekunden – verklungen ist. Auf diese Weise kommt dann zum musikalischen Neujahrsgruß der Donaustadt noch ein floristischer hinzu.

Wiener Bälle

EINE SAISON IM DREIVIERTELTAKT

Zur Faschingszeit bewegt sich halb Wien im Walzerrhythmus – Höhepunkt im Wiener Ballkalender ist der Opernball.

Dabei sein ist alles: Besucher des Wiener Opernballs in ihren Logen.

Während in Köln Karnevalssitzungen angesagt sind und in Rio de Janeiro die Straßenumzüge in Szene gehen, bringen in Wien die Bälle Farbe in den Fasching. Eins, zwei, drei, eins, zwei, ... bis zum Faschingsdienstag gibt es jeden Tag Gelegenheit, sich die Füße wund zu tanzen.

König der Wiener Tänze ist der Walzer, der vor 150 Jahren unter der Ägide der Strauss-Dynastie einen Siegeszug rund um die Welt antrat. Walzer tanzen gehört zu Wien wie der Kaffeehausbesuch oder der Heurige.

Rund 450 Bälle setzen sich alljährlich in Wien in Szene – sie bilden den Kern einer Ballkultur, wie es sie weltweit kein zweites Mal gibt. Ob Philharmoniker, Jäger, Kaffeesieder, Jungrauchfangkehrer, ob Flüchtlingsball, Regenbogenball, Ball für Vegane, ob elegant oder bunt und schrill – Anlässe und Veranstalter sind mannigfaltig. Wie oft Johann Strauss' Walzer „An der schönen blauen Donau" erklingt? Ungezählte Male. Natürlich haben auch die Gründer des Hypes einen eigenen Ball: Im „Kursalon Wien", wo einst Walzerkönig Johann Strauss, aber auch sein gleichnamiger Vater und seine Brüder Josef und Eduard rauschende Erfolge feierten, lebt der Glanz der Walzer-Ära beim Johann Strauss Ball wieder auf.

EIN POPSTAR SEINER ZEIT

Das tut er übrigens auch im „Johann Strauss Museum – New Dimensions", das rechtzeitig zum 200. Geburtstag des Walzerkönigs (1825–1899) eröffnet wurde. Die Schau (s. S. 86) setzt ganz auf Multimedia-Technik und die Kraft der Musik, um den „Sound of Vienna" erlebbar zu machen. In die Fußstapfen seines Vaters trat Johann jr., genannt „Schani", schon im Alter von sechs Jahren mit seinem ersten selbstkomponierten Walzer. Zu einem Popstar seiner Zeit wurde der Mann mit dem charakteristischen Schnauz- und Backenbart durch die Tourneen, die ihn 1867 nach Paris und 1872 in die USA führten. Mit seinen genialen Walzer-Melodien, denen Operetten à la „Die Fledermaus" folgten, gab „Schani" Strauss der halben Welt den Takt vor und rockte die Tanzsäle – er selbst war allerdings Nichttänzer!

Das Openball-Ereignis ist für die 150 Paare des Jungdamen- und Herrenkomitees die Eröffnungspolonaise.

Rund 5150 Ballgäste amüsieren sich beim Wiener Opernball. Das Vergnügen dauert übrigens bis 5.00 Uhr.

BELLA FIGURA AUF DEM PARKETT

Die Ballsaison spült viel Geld in die Kassen. Karten und Logen, Roben und Tanzschuhe, die perfekte Ballfrisur und das ein oder andere Glas Champagner – jedem Ballbesucher ist das Tanzvergnügen im festlichen Ambiente im Schnitt 270 Euro wert. Das macht bei 500 000 Ballgästen einen Umsatz von mehr als 130 Mio. Euro. Übrigens: Mehr als drei Viertel der Besucher stammen aus Wien, gefolgt von 60 000 Ballgästen aus den umliegenden Bundesländern und 50 000 aus dem Ausland, davon viele aus Deutschland. Und liegt die letzte Tanzstunde schon länger zurück? Dann schnell noch einen Auffrischungskurs gebucht! Auf dem Parkett eine gute Figur zu machen, ist wichtig.

RITUALE UND GLAMOUR: OPERNBALL

Ihren Siedepunkt erreicht die „fünfte Jahreszeit“ mit dem Wiener Opernball im Musiktempel an der Ringstraße. Binnen 70 Stunden wird das Haus in einen Mega-Ballsaal verwandelt. Während es mancherorts nicht so förmlich zugeht, steckt der „Ball der Bälle“ voller Rituale und Vorschriften. Für die Herren herrscht Frackzwang, Damen benötigen ein großes Abendkleid, die Schuhe bitte geschlossen. Der Einzug des Bundespräsidenten in seine Loge markiert den Auftakt des Staatsballs, dessen Ursprünge auf den Wiener Kongress 1814/1815 zurückgehen. Einen ersten Glanzpunkt setzt die Eröffnungspolonaise, die für die 150 Paare des Jungdamen- und Herrenkomitees die „Einführung in die Gesellschaft“ darstellt. Mit dem Kommando „Alles Walzer!“ ist das Tanzparkett für alle frei – Prominente und Superreiche, Kulturschaffende und Adabeis oder einfach nur Tanzwütige, die bei den schnellen Drehungen des 3/4-Walzertakts gleichsam durch die Nacht zu fliegen vermeinen.

Rund 5000 Gäste aus dem In- und Ausland bevölkern am Ballabend die Staatsoper, dazu kommen 2000 Mitwirkende und Mitarbeiter des Hauses. Das Gedränge ist enorm, wie sich auch in der Live-Übertragung des Opernballs im österreichischen Fernsehen erkennen lässt. Die besondere Mischung aus altösterreichischer Tradition und Knowhow hat Österreichs Bälle zu einem Exportschlager werden lassen. In rund 30 Städten weltweit, von New York bis Moskau, finden sie Nachahmer.

Informationen

Opernball, Wiener Staatsoper, Opernballbüro, Tel. 01 514 44 26 06, www.wiener-staatsoper.at/opernball; letzter Donnerstag vor Aschermittwoch in der Staatsoper

Tanzkurse: Tanzschule Rueff, Friedrich-Schmidt-Platz 4, 1080 Wien, Tel. 01 405 26 69, www.tanzschulerueff.at; Tanzkurse beinahe tgl., Einstieg jederzeit, Zeiten im Internet. Weitere Anbieter auf www.wien.info, Stichwort Tanzschule

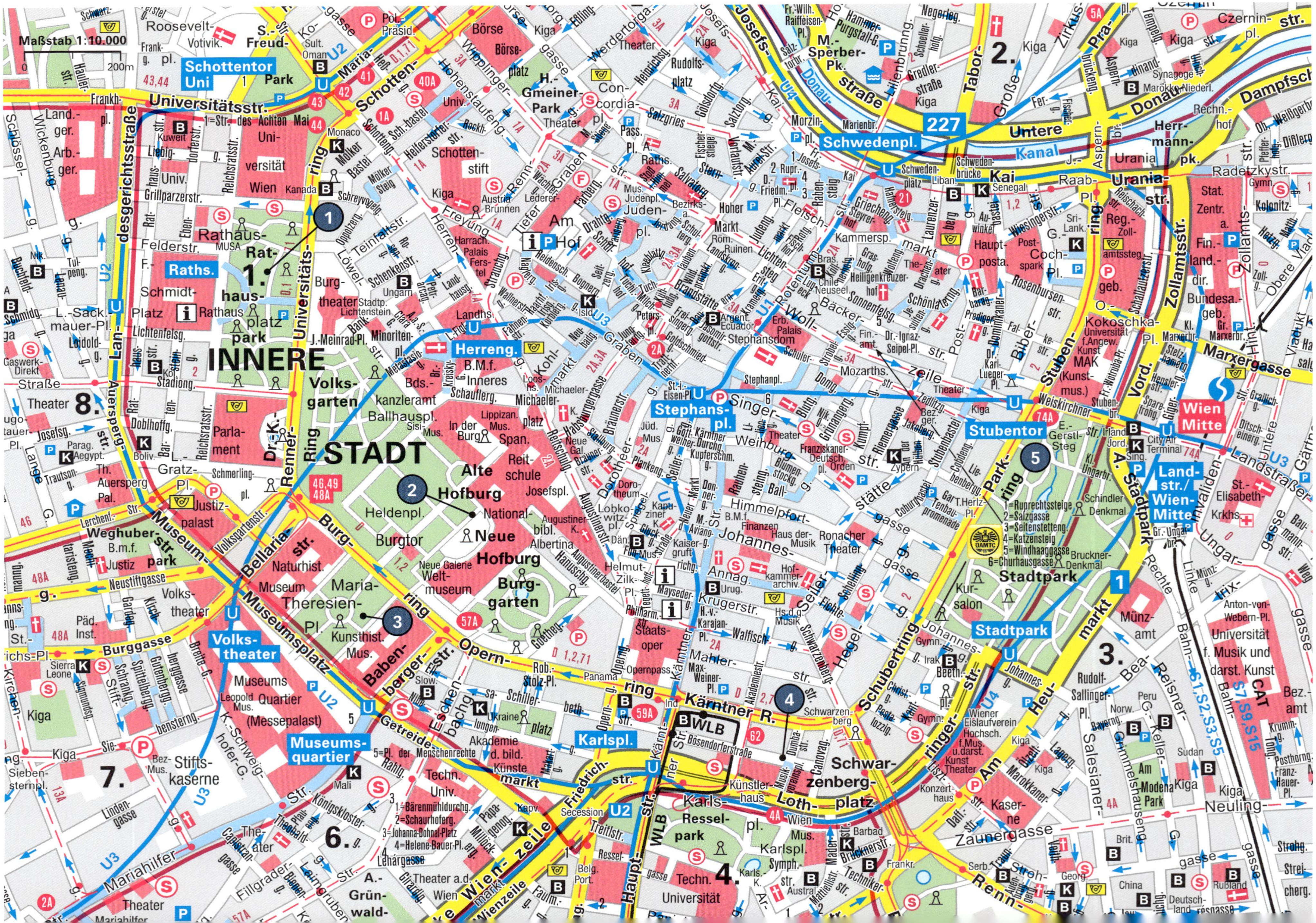

Maßstab 1:10.000
200m
INNERE
STADT
Schottentor Uni
Schwedenpl.
Herreng.
Stephanspl.
Stubentor
Stadtpark
Karlspl.
Museumsquartier
Volkstheater
Raths.
Landstr./ Wien-Mitte
Wien Mitte
Alte Hofburg
Neue Hofburg
Burggarten
Volksgarten
Stadtpark
Ressel-park
Universitätsstr.
Museumsplatz
Kärntner R.
Schwarzenbergplatz
Marxergasse
Zollamtsstr.
Untere Donaustr.
Kanal
Wiedner Hauptstr.

MUSIK, MUSEEN, MONUMENTE

Entlang der Ringstraße und in der Hofburg, einem einstigen Zentrum der Macht in Europa, spürt man noch etwas vom Glanz der Donau-Monarchie. Schätze von Weltbedeutung versammeln Kunst- und Naturhistorisches Museum. Auszeit gewünscht? Schöne Parks und Gärten verleihen dem Ganzen auch eine grüne Note.

1 Rathausplatz

Im Rathaus residiert die Wiener Stadtregierung, aber der Platz vor dem imposanten Gebäude präsentiert sich als weltoffener Ort mit Festivals und Kulturhighlights. Im Burgtheater gegenüber wird Schauspielkunst hochgehalten (U2 Rathaus, Straßenbahnen 1, 71 und D Rathaus/Burgtheater).

SEHENSWERT
Das im Zuge des Ringstraßenbaus errichtete **Rathaus** (1872–1883) erinnert an flämische Rathäuser der Gotik. Auf Stiege 6 kann man eine Runde mit einem der letzten historischen Paternosteraufzüge machen (www.wien.gv.at/verwaltung/rathaus; Mo.–Fr. 7.30–18.00, Führungen Mo., Mi. und Fr. 13.00 Uhr).
Das **Burgtheater** ist eine der ersten Adressen für Schauspiel im deutschsprachigen Raum. Bei der Eröffnung 1888 fanden das Fassadenstyling mit Anklängen aus der italienischen Renaissance und technische Neuerungen wie elektrische Beleuchtung großen Anklang. „Die Burg", wie sie oft genannt wird, war unter ihrem Direktor Claus Peymann (1986–1999) Garant für Theaterskandale, kam dann aber in ruhigere, manche sagen seichtere Gewässer. 2024 übernahm der Schweizer Stefan Bachmann die Intendanz über die Theaterinstitution (www.burgtheater.at; Führungen Do., Fr. 15.00, Sa., So. 11.00 Uhr).
Südl. des Rathausplatzes schließt sich das vor 130 Jahren erbaute klassizistische **Parlament** an. Nach grundlegender Sanierung wurde das Haus Anfang 2023 wieder eröffnet. Erholung finden gestresste Volksvertreter und Wiener im gepflegten Grün des **Volksgartens** gegenüber. Blickfänge sind der prachtvolle Rosengarten und das malerisch von Bassins und Bäumen eingerahmte Kaiserin-Elisabeth-Denkmal (1907).

VERANSTALTUNGEN
Zu den Top-Events am **Rathausplatz** TOPZIEL gehört das **Musikfilmfestival** im Juli und Aug. (freier Eintritt). Im Dez. macht der **Christkindlmarkt** Vorfreude auf die Bescherung, von Mitte Jan. bis Anf. März wird im Rathauspark eisgelaufen. Zu den Kulturhöhepunkten zählen die **Wiener Festwochen** im Mai.

Tipp

Alles Gold, was hier glänzt

In der Kaiserlichen Schatzkammer funkeln die Krone des Heiligen Römischen Reiches Deutscher Nation (nach 960), die österreichische Kaiserkrone, Reichsäpfel, Zeremonienschwerter und kostbarste Gewänder um die Wette. Pretiosen wie ein Riesensmaragd und eine spätantike Achatschale, die man einst für den sagenumwobenen Heiligen Gral hielt, schmuggelten sich dazwischen.

INFORMATION
Kaiserliche Schatzkammer, Hofburg, www.kaiserliche-schatzkammer.at; Mi.–Mo. 9.00–17.30 Uhr

2 Hofburg

18 Trakte, verschachtelte Höfe, mehr als 2600 Zimmer: Die **Hofburg** TOPZIEL zwischen Ringstraße und Michaelerplatz ist ein Palastkomplex der Superlative – und dank Jahrhunderte langer Baugeschichte von Gotik bis in die Gegenwart auch einer der Unübersichtlichkeit. Vom 13. Jh. bis zum Ende der Donaumonarchie 1918 regierten die Habsburger ihr immer größer werdendes Reich meist von der Hofburg aus. Heute residiert in einem Teil Österreichs Bundespräsident; die Hofburg ist aber auch Kongresszentrum und beherbergt wertvolle Bücherbestände, die Spanische Hofreitschule sowie bedeutende Museen (U3 Herrengasse, U2/U3 Volkstheater, U1 Stephansplatz; Straßenbahn 1, 2, 71 und D Burgring).

SEHENSWERT
Von der Ringstraße aus ist diese „Stadt in der Stadt" über den Heldenplatz mit den Reiterstandbildern Erzherzog Karls und Prinz Eugens (1860/1865) erschlossen. Die **Neue Burg** mit der historistischen Fassade entstand im 19. Jh.; eine Passage führt zum zentralen Platz der Hofburg (In der Burg) mit dem Denkmal Kaiser Franz' I. Über das rot-schwarze Schweizertor von 1552 geht es in den **Schweizerhof**, den ältesten Teil des Palastkomplexes, mit Zugängen zur **Kaiserlichen Schatzkammer Wien** und zur **Hofburgkapelle**. Vom Josefsplatz mit dem Monument des Reformers Joseph II. erschließen Zugänge den **Burggarten**, die kleinste der öffentlichen Parkanlagen an der Ringstraße. Das Jugendstilglashaus des

Hofburg mit Sisi-Museum (oben) und Speisesaal in den Kaiserappartements (rechts oben). Palmenhaus im Palmengarten (rechts unten).

Palmengartens beherbergt einen tropischen Mini-Regenwald, exotische Schmetterlinge gaukeln durch die Lüfte, und eine stylische Brasserie gibt es auch (**€€ Palmenhaus,** Tel. 01 533 10 33, www.palmenhaus.at).
An der 1562 gegründeten **Spanischen Hofreitschule** im Michaelertrakt der Hofburg wird bis heute die klassische Reitkunst in der Renaissancetradition der „Hohen Schule" praktiziert. Mit Galopppirouetten, Schulsprüngen und ihrem „Weißen Ballett" begeistern die Lipizzanerhengste in der barocken Winterreitschule (1735), einem der schönsten Reitsäle der Welt. Von geführten Rundgängen über die Morgenarbeit, einem leichten Training mit Musikbegleitung, bis zu den Gala-Vorführungen wird ein Programm für jede Brieftasche geboten. Infos im Besucherzentrum unter der Michaelerkuppel (Termine auf www.srs.at, Tel. 01 533 90 31; Di.–So. 9.00–16.00 Uhr).

Tipp

Wenn ich einmal groß bin ...

Im Sommer machen die Schulhengste Urlaub auf dem Land – dafür kommen die Lipizzaner-Fohlen aus dem Gestüt Piber zur Sommerfrische nach Wien und inspizieren ihren künftigen Arbeitsplatz. Eine (kostenlose) Gelegenheit, den Nachwuchs mit ihren Müttern zu bewundern, bietet sich auch: Bei Schönwetter geht's in den Burggarten.

MUSEEN
Mit rotem Seidendamast bespannte Wände, Möbel im Rokokostil, Lüster aus böhmischem Bleikristall begleiten den Gang durch die **Kaiserappartements,** seit 1918 praktisch unverändert. Höfische Prachtentfaltung verbindet sich mit Einblicken in das Privatleben von Kaiser Franz Joseph und Kaiserin Elisabeth. Im **Sisi-Museum** wird der Kult thematisiert, der mit der Ermordung der Kaiserin 1898 in Genf in Gang kam und durch die „Sissi"-Filmtrilogie der 1950er-Jahre mit Romy Schneider in der Hauptrolle ins Kitschige abdriftete. Die **Silberkammer** (geschl. bis 2026) lässt die Tischkultur am Hof Revue passieren (www.sisimuseum-hofburg.at, tgl. 9.00–17.30 Uhr; Sisi-Museum und Kaiserappartements sind mit einem Ticket zu besichtigen. Audioguide-Führung ca. 2 Std.).
Bibliophile Besucher verzaubert der Prunksaal der **Nationalbibliothek;** 200 000 Bände umfasst die größte Barockbibliothek der Welt (Josefsplatz, www.onb.ac.at; Di.–So. 10.00 bis 18.00, Do. bis 21.00 Uhr). In der Neuen Burg **am Heldenplatz** beleuchtet das **Haus der Geschichte** Österreichs Werdegang seit Ende des Ersten Weltkriegs (www.hdgoe.at; Di. bis So. 10.00 –18.00 Uhr, Do. bis 21.00 Uhr). Über diese Ende 2018 eröffnete Sammlung gelangt man in das **Ephesos-Museum** (Di.–So. 10.00 bis 18.00, Do. bis 21.00 Uhr), eine Dependance des Kunsthistorischen Museums (KHM).
Zwei weitere KHM-Sammlungen, **Hofjagd- und Rüstkammer** sowie die **Sammlung Alter Musikinstrumente**, sind über das **Weltmuseum Wien** zugänglich. Dieses schließt den Komplex der Neuen Burg zur Ringstraße hin ab; die Geschichten aus aller Welt sind packend erzählt (www.weltmuseumwien.at, www.khm.at; alle drei Museen mit einem Ticket; Do.–Di. 10.00–18.00 Uhr). Orientierung über das riesige Hofburg-Areal bietet ein Info Center zwischen den beiden größeren Museen. Angeschlossen ist der **Imperial Shop Vienna** mit den besten Produkten Wiener Traditionsunternehmen – von exquisitem Augarten-Porzellan bis hin zu Köstlichkeiten aus dem Hause Manner. Motto: Where Sisi would shop! (Do.–Di. 10.00–18.00 Uhr).

3 Maria-Theresien-Platz

Der Maria-Theresien-Platz mit dem 1887 eingeweihten Denkmal der Monarchin verbindet das Naturhistorische und das Kunsthistorische Museum. In diesen Häusern haben große Teile der Habsburger-Sammlungen einen dauerhaften Platz gefunden (U2 Volkstheater oder Museumsquartier, Straßenbahnen 1, 2, 71 und D Burgring oder Dr.-Karl-Renner-Ring, Straßenbahn 49 Volkstheater, Bus 48A Volkstheater).

SEHENSWERT
Dutzende Schausäle mit ausgestopften Tieren und Exponate von der 30 000 Jahre alten Plastik der Venus von Willendorf bis zum Modell eines Allosaurus stecken im **Naturhistorischen Museum** den Rahmen ab. Errichtet wurde das Museum zusammen mit seinem Spiegelbild gegenüber von den Architekten Karl Hasenauer und Gottfried Semper bis 1889 im Stil des Wiener Historismus (www.nhm-wien.ac.at; Do.–Mo. 9.00–18.00, Mi. 9.00–20.00 Uhr, Dachrundgang Mi. 18.30 und Fr.–So. 16.00 Uhr).
Zu den Schätzen des **Kunsthistorischen Museums TOPZIEL** gegenüber zählen Meisterwerke von Rembrandt, Rubens und Tizian; dazu kommt die Kunstkammer der Habsburger (www.khm.at; tgl. 10.00–18.00 Uhr, Do. bis 21.00 Uhr).

Am Postsparkassengebäude (links). Im Museum für Angewandte Kunst (rechts oben) und im Naturhistorischen (rechts unten) .

4 Musikvereinsplatz

Im Goldenen Saal des Musikvereins ein Konzert zu erleben, gehört für Musikfreunde zum Eindrücklichsten eines Wienbesuchs. Weltbekannt ist das Haus für das Neujahrskonzert der Wiener Philharmoniker (U1, U2 und U4 Karlsplatz, Straßenbahnen D und 71 Schwarzenbergplatz, Bus 4A Lothringerstraße).

SEHENSWERT
„So hoch auch die Erwartungen gehen mochten, so wurden sie doch von dem ersten Eindruck des Saales überboten, der an architektonischer Schönheit und stilvoller Pracht einzig in seiner Art dasteht", schrieb eine Wiener Zeitung 1870 nach der Einweihung des Großen bzw. Goldenen Saales im **Musikverein.** Auch der Brahmssaal und die 2004 in einem unterirdischen Erweiterungsbau hinzugefügten vier neuen Säle – benannt nach den Grundbaustoffen Glas, Metall, Stein und Holz – sind hörens- und sehenswert. Führungen dauern ca. 45 Minuten (Musikvereinsplatz 1, www.musikverein.at und www.wienerphilharmoniker.at; Führungen Mo.–Sa., genaue Termine online).

UMGEBUNG
Die musikalische Bandbreite ist im **Wiener Konzerthaus** jenseits des Schwarzenbergplatzes noch größer. Im Jugendstil-Ambiente von 1913 gastieren neben Klassik regelmäßig auch Jazz, Rock, World Music und Modern. Wie im Musikverein bemüht sich das Konzerthaus, neue Generationen für die Musik zu begeistern (Lothringerstraße 20, www.konzerthaus.at).

An rund 300 Tagen im Jahr hebt sich in der **Wiener Staatsoper** der Vorhang für die Bewunderer der Werke Verdis, Puccinis, Mozarts und Co. Über 50 Opern und Ballettwerke kommen alljährlich zur Aufführung (www.wiener-staatsoper.at; Führungen Tel. 01 514 44 22 50 bzw. online). Schlagzeilen beschert dem Musiktempel, der 2019 mit großem Pomp seinen 150. Geburtstag feierte, auch die Ausrichtung des Opernballs (s. auch S. 46).
Gute Opernplätze sind naturgemäß teuer, jedoch: günstige Stehplatzkarten gibt es am Vorstellungstag online sowie ab 80 Minuten vor Beginn an der Stehplatzkassa der Oper.

5 Stadtpark

Im Südosten lockt das Grün des Stadtparks, 1862 als Wiens erste öffentliche Parkanlage eröffnet. Beim Flanieren hat man auch einen Blick auf den Wien-Fluss, der allerdings in seinem Betonkorsett wenig ansehnlich dem Donaukanal entgegenplätschert (U4 Stadtpark und Landstraße, U3 Stubentor).

SEHENSWERT

Golden blitzt zwischen den Stadtparkbäumen das **Denkmal von Johann Strauss** (Sohn), das vielleicht meistfotografierte der Donau-Metropole. Im Kursalon ein paar Meter weiter begeisterte der „Walzerkönig" (1825–1899) sein Publikum.
Rötlich leuchtet am Nordende des Parks die Ziegelfassade des **MAK – Museum für Angewandte Kunst**, eines der prachtvollsten Gebäude der Wiener Ringstraße. 1871 wurde es als erster Museumsbau am Ring eingeweiht. Ausgeführt wurde das Gebäude von Architekt Heinrich Ferstel im Stil der Neorenaissance. Zeitlos elegant erscheinen die Designs für Glas, Porzellan, Textilien und weiteren Werkstoffen der 1903 von Josef Hoffmann und Koloman Moser gegründeten Wiener Werkstätte. Gustav Klimts blattvergoldeter Entwurf für den berühmten Fries des Palais Stoclet in Brüssel hat in dem Ensemble ebenso einen Fixplatz wie eine der bahnbrechenden Frankfurter (Einbau-)Küchen von Margarete Schütte-Lihotzky und Designs zeitgenössischer Künstler (Stubenring 5, www.mak.at; Di. 10.00–21.00, Mi. bis So. 10.00–18.00 Uhr).
Perfekte Abrundung des Jugendstil-Schwerpunkts ist jenseits der Ringstraße Otto Wagners **Postsparkassengebäude** (1906) am Georg-Coch-Platz, ein Schlüsselwerk der europäischen Moderne. Der Bau dient jetzt als Haus für Wissenschaft und Kunst, doch ist die berühmte Große Kassenhalle bis auf weiteres frei zugänglich; heute kann man hier in einem Café die Jugendstil-Atmosphäre ringsum aufsaugen (Mo.–Fr. 11.00–18.00 Uhr).

RESTAURANTS

€€€ Steirereck mitten im Stadtpark ist Österreichs wohl führender Feinschmeckertempel. Dazu gehört die günstigere **€€ Meierei**, ebenfalls im Stadtpark (Am Heumarkt 2A, Tel. 01 713 31 68, www.steirereck.at).

SIGHTSEEING MIT SPORTLICHER NOTE

Mit dem öffentlichen Bikesharing-System von WienMobil Rad sind Besucher flexibel, günstig und umweltbewusst in der Donau-Metropole unterwegs. Die in schlichtem Weiß gehaltenen Fahrräder mit sieben Gängen empfehlen sich beispielsweise für eine Sightseeing-Tour rund um die Ringstraße.

Für die Nutzung ist ein Smartphone erforderlich. Nach der erstmaligen Registrierung (s.u.) den QR-Code mit der App des Betreibers (Next-Bike) am Fahrrad scannen oder über die Hotline +43 1 385 01 89 ausleihen. Das Schloss entsperrt sich automatisch – und los geht's!

Lockt unterwegs das Naturhistorische Museum? Kein Problem: Den Drahtesel am nächsten Terminal angedockt – wenn die Saurier gewürdigt sind, borgt man sich aufs Neue eines aus. An der Ringstraße stehen Leihräder an gut einem Dutzend fixen Standorten bereit. Über das Stadtgebiet verteilen sich 200 Verleihstationen – somit steht auch einer Radtour auf die Donauinsel oder in den Prater nichts im Wege. Bezahlt wird über Kreditkarte, Bankeinzug, Apple Pay, Google Pay oder PayPal. Der Standard-Tarif beträgt 0,75 € pro 30 Minuten.

WienMobil Rad: 200 fixe Terminals in und um Wien; www.wienerlinien.at/wienmobil/rad; Registrierung auch unter https://secure.nextbike.net/wr/de/wien/registrierung/; spezielle Radkarten halten Hotels und Tourist-Informationen bereit. Die Radstation am Hauptbahnhof hat neben City-Bikes auch E-Bikes (www.dieradstation.cc; März – Okt. tgl. 8.30–20.00 Uhr, 28–48 €/24 Std.).

Alternative: Private Verleiher sind auch mit E-Scootern auf Wiens Straßen vertreten. Achtung: Es gelten die gleichen Regeln wie für Radfahrer. Bürgersteige sind tabu!

An der Donau

AN DER SCHÖNEN BLAUEN DONAU

Donaukanal, Donauinsel, Neue Donau, Alte Donau – ein Freizeitparadies nach dem anderen buhlt um die Aufmerksamkeit der Wiener. Als citynächste Vergnügungsmeile präsentiert sich der lange vernachlässigte Donaukanal. Erholsame und laute Seiten zugleich zeigen Prater und Augarten.

Karibisches Flair mitten in der Stadt: In der Strandbar Herrmann an der Mündung des Wien-Flusses in den Donaukanal lässt sich auch der heißeste Sommer ertragen

Der Donaukanal, der die Innenstadt von der Leopoldstadt trennt, hält einige interessante Facetten des sommerlichen Wiens bereit. Mit der Donauregulierung um das Jahr 1870 hatte der Wasserarm seine Funktion als Güterweg verloren und war im Dornröschenschlaf versunken, bevor er erst vor ein paar Jahren wieder wachgeküsst wurde.

PACK DIE BADEHOSE EIN!

Wo der Wien-Fluss in den Donaukanal mündet und Angler geduldig auf einen Fang warten, breitet sich ab Mai die Strandbar Herrmann aus. Tonnen feinsten, goldgelben Sands verwandeln die Landzunge hinter der altehrwürdigen Urania-Sternwarte in eine urbane Sommerterrasse. Liegestühle und Lautsprecherboxen werden aufgestellt, Daiquiris und Mojitos wandern zu karibischen Klängen über die Tresen. Via Großleinwand werden Fußballspiele ausgestrahlt; an anderen Abenden geht die Silent Disco in Szene, eine Kopfhörerparty. Auf beiden Seiten des Donaukanals geht es im Urlaubstakt weiter, bis zur Summerstage 2,5 Kilometer flussaufwärts. Imbissbuden neben Gourmettreffs, orientalische Küche, Grillspezialitäten und Pasta. Live-Musik? Eine Partie Beachvolleyball? Ein Schiffsausflug? Ein paar Längen geschwommen? Auch das geht – auf dem am Ufer verankerten Badeschiff.

Die Wände entlang der ehemaligen Treidelwege sind Bühne für Graffitikünstler aus nah und fern – zur Verschönerung gebeten hat sie die Stadt Wien. „Relax, you are just cosmic dust" – so bringt ein Wandgemälde das Donaukanal-Motto auf den Punkt.

Zu schrillen Farben und Formen gesellt sich feinster Jugendstil. Die Otto-Wagner-Stadtbahnstationen Rossauer Lände und Friedensbrücke sind Hingucker. Auch das Schützenhaus hat der Architekt gestaltet, als Teil einer nie realisierten Schleusenanlage. Blaue Keramikfliesen und Wellenornamente schmücken die Außenflächen, heute edle Kulisse für ein Restaurant.

Der DC Tower ist mit seinen 250 Metern das zweithöchste Gebäude Österreichs (oben). Freizeitrevier Donaukanal – und das nicht nur im Badeschiff (unten).

Donau City und Donau vom Donauturm aus gesehen (oben). Die Leopoldstadt ist das Zentrum des jüdischen Lebens in Wien (Mitte links).
Der Karmelitermarkt bietet seit 1671 ein ausgewähltes kulinarisches Programm (Mitte rechts).
Auf dem Donaukanal hat auch der Twin City Liner, das Linienschiff der Verbindung Wien–Bratislava, seinen Liegeplatz (unten).

Mit Blick auf Alte Donau und Donau City: Restaurant Ufertaverne an der Oberen Alten Donau.

Die Donauinsel ist ein 21 Kilometer langes und nur 250 Meter breites Neuland zwischen Donau und Neuer Donau. Sie entwickelte sich zu einem beliebten Naherholungsgebiet.

Sängerknaben **Special**

Klangkörper

Im Augartenpalais sind die Wiener Sängerknaben zu Hause. Ihr Gründungsjahr 1498 macht sie zur „ältesten Boygroup der Welt". Wenn die Sopran- und Altstimmen der neun- bis 14-jährigen Sangeskünstler erklingen, wird auch klar, warum sie als musikalische Botschafter Österreichs in der ganzen Welt so beliebt sind. Alle Sängerknaben, auch die aus Wien stammenden, leben im vereinseigenen Internat. Ihr Pensum ist anspruchsvoll: musikalische Ausbildung neben dem regulären Unterricht im Gymnasium, zahlreiche Auftritte, absolviert im klassischen Matrosenanzug, und weltweite Tourneen. Die gut 100 Jungs mit ihren Engelsstimmen sind auf vier Chöre aufgeteilt, die jeweils ca. neun Wochen im Jahr unterwegs sind. Mit dem Stimmbruch ist es mit der Karriere, zumindest fürs Erste, vorbei (wsk.at).

SCHEINEHE VON WIEN UND DONAU

Wiens Hinwendung zur Donau ist gar nicht so alt, wie man meinen möchte. Als Johann Strauss 1867 mit seinem Walzer „An der schönen blauen Donau" einen Riesenhit landete, war das einige Takte verfrüht. Abgesehen davon, dass sich die Donau nicht besonders blau präsentierte, floss der Hauptstrom als damals weitverzweigter Fluss deutlich an Wien vorbei. Erst eine groß angelegte Regulierung verwandelte Europas zweitlängsten Strom in eine gezähmte Wasserstraße.

Mit erfreulichen Nebeneffekten für die Bevölkerung, die nun die vom Hauptstrom abgetrennte Alte Donau zu erobern begann. Widerstände waren dabei zu überwinden. Dass Frauen und Männer gemeinsam badeten, fanden einige nicht schicklich – doch je mehr die Industrialisierung Fahrt aufnahm, desto dringender suchten die Menschen Abstand zu ihren engen Wohnungen und zur dicken Luft über der Stadt. Wasser, Licht und Sonne fand man auf der linken Donauseite zuhauf. Heute reiht sich an der Alten Donau ein Strandbad ans nächste, manche sind sogar kostenfrei. Das bekannteste ist das Gänsehäufel. Auf einer Liegewiese unter mächtigen Pappeln und Platanen, zum kühlen Nass nur ein paar Schritte – so lässt es sich an den heißen Tagen sehr gut aushalten.

INSEL DER SELIGEN

Hundert Jahre nach der ersten Donauregulierung justierte Wien noch einmal nach. Von 1972 bis 1988 erfolgte der Bau des Entlastungsgerinnes – der Neuen Donau –, um die Stadt vor immer noch möglichen Hochwassern zu schützen. Das Aushubmaterial bildete die Basis für die Donauinsel, die sich durch Aufforstungen in eine Erholungsoase für Wanderer, Radfahrer, Skater, Sonnenanbeter und Badende verwandelte. Weit abseits der nächsten Wohngegenden geht hier schon seit 1984 das Donauinsel-Fest mit bis zu drei Millionen Besuchern über die Bühne. Der Basspegel stört höchstens Rehe, Füchse und Hasen, und wenn einmal beim Joggen ein Baum vor den Füßen liegt: Da hat wohl ein Biber seine neue Heimat gestaltet. Wenige Meter über Flussniveau bleiben die Silhouetten beider Stadthälften im Blick – herrlich! Und das ursprüngliche Ziel? Funktioniert bestens, denn als 2003, 2010 und zuletzt 2024 gewaltige Hochwasser halb Mitteleuropa heimsuchten, leckten die Donaufluten nur ein bisschen an Wien.

BAROMETER DER LEBENSFREUDE

Im Prater prallen Welten aufeinander. Action lautet die Devise in jenem kleinen vorderen Teil, den die meisten Wien-Besucher mit „Prater" gleichsetzen – den

Das Schweizerhaus gehört zu den Traditionsgaststätten im Prater – Budweiser Bier und Stelze zählen hier zu den Klassikern.

Der Name Prater leitet sich vom lateinischen Wort für Wiese ab. Um von der früheren Auen- und Wiesenlandschaft etwas zu erkennen, muss schon das Wiener Riesenrad im Wurstelprater bemüht werden, das sich hier schon seit mehr als 120 Jahren unermüdlich dreht.

Den Wurstelprater prägen längst Fahrgeschäfte der Art, wie sie überall auf großen Rummelplätzen zu finden sind.

Zu den regionalen Spezialitäten des Wurstelpraters gehört das beliebte Armdrücken – der etwas anderen Art.

Vergnügungspark mit dem berühmten Riesenrad, Geister- und Achterbahnen, Karussells und weiteren Spektakeln. Der Wurstelprater mündet in den ruhigeren Grünen Prater, ein Stück Wildnis in der Millionenstadt. Beliebt sind beide. 1766 machte Kaiser Joseph II. das kaiserliche Jagdgebiet zwischen Donaukanal und der Donau den Wienern zum Geschenk, schon wenige Jahre später wetteiferten 43 Wirtshäuser um die Gunst des Praterpublikums. Ringelspielbetreiber und Kuriositätenkabinette siedelten sich an, das „noble" Wien unternahm elegante Ausfahrten. Große Spektakel wie die Wiener Weltausstellung 1873 gingen im Prater über die Bühne.

Die alte Welt der Schaustellerfamilien ist nur noch in Ansätzen und im 1924 neu gestalteten Pratermuseum vorhanden. Längst haben Neonreklamen die Ausrufer ersetzt, Adrenalinquickies sorgen für Frequenz. Das Space Shot schießt Mutige 60 Meter in die Höhe, der freie Fall sorgt für wacklige Beine. Sogar über die Wintermonate bleibt ein Teil der Attraktionen geöffnet. Einer der schönsten Wiener Frühjahrsbräuche ist ein Spaziergang im Prater – nicht nur, weil Robert Stolz einst dichtete: „Im Prater blüh'n wieder die Bäume / In Sievering grünt schon der Wein / Da kommen die seligen Träume / Es muss wieder Frühlingszeit sein."

IN DEN GRÜNEN PRATER

Der Ausblick vom Riesenrad, das mit 2,7 Stundenkilometern seine beschaulichen Runden dreht, macht Lust auf einen Spaziergang im Grünen Prater. Über mehr als vier Kilometer Länge führt die Prater-Hauptallee zum Lusthaus – eine klassische Strecke für Läufer. Langsam verklingen die Bassrhythmen und das Gejohle, Vögel zwitschern. Beim barocken Lusthauspavillon ist für die Jogger der klassische Umkehrpunkt, für andere ist erst mal ein Einkehrschwung angesagt. Kürzere Runden bietet den Läufern der Augarten, den Joseph II. zehn Jahre nach dem Prater der Öffentlichkeit zugänglich machte. Mit streng komponierten Wegen und Alleen zeigt die Heimat der Wiener Sängerknaben seine barocken Wurzeln noch sehr deutlich im Nordwesten der Leopoldstadt.

STEINE DER ERINNERUNG

Vom Augartenspitz sind es nur noch wenige Meter bis zum urbanen Teil der Leopoldstadt. Einst war der zweite Bezirk das Zentrum des jüdischen Lebens in Wien. 1938 lebten in der Stadt 185 000 Juden, nach dem Ende der Nazidiktatur 1945 zählte man noch 2000 Überlebende, heute leben etwa 8000 Menschen jüdischen Glaubens in Wien. Die vor vielen Häusern der Leopoldstadt in den Boden eingelassenen „Steine der Erinnerung" künden von den Schicksalen einstiger Bewohner. Namen, Lebensdaten, Datum der Verschleppung, der Ermordung oder des Verschwindens sind darauf festgehalten. Man erfährt, wo Menschen vor ihrer Deportation zusammengepfercht wurden. Auf einem Stein steht: „Zum Gedenken an ein Mädchen, das im 2. Stock gewohnt hat und dessen Namen wir nicht wissen."

»IST ES EIN PARK? NEIN! … IST ES EIN GARTEN? NEIN! … EINE LUSTANSTALT? NEIN! WAS DENN? ALLES DIES ZUSAMMENGENOMMEN!«

Adalbert von Stifter

Beisl in Wien

SPEISEN WIE EIN WIENER

Mit gutbürgerlicher Küche und gemütlicher Atmosphäre behauptet sich das Beisl und ist neben Kaffeehaus und Heurigem die dritte kulinarische Institution an der Donau. Dunkles Holz und eine Theke, heimelig muss es sein, man will ja länger zusammensitzen. Wichtig ist das gemischte Publikum – in einem Beisl trifft man ziemlich sicher nicht nur auf andere Touristen.

6

5

2 Glacis Beisl

Dieses Beisl der neuen Generation kombiniert die Evergreens der Wiener Küche mit Schmankerln aus der Abteilung leicht und gesund. Veganes Curry, Spinat-Schafskäsestrudel oder die Cremesuppe aus gelben Rüben erfreuen jene Gäste, die zwar gerne schlemmen, aber bitte etwas weniger deftig! Die Küche setzt stark auf Biozutaten. Ein Schmuckstück ist der große Gastgarten mit seinen schönen Lauben, wo die Zeit wie im Flug vergeht. Nachtisch gefällig? Marillenknödel oder Mokkamousse auf Birnenragout sind eine Sünde wert!

€€ Glacis Beisl, Breite Gasse 4, 1070 Wien, Tel. 01 526 56 60, www.glacisbeisl.at, tgl. 12.00–24.00 Uhr

3 Blauensteiner/Zur Stadt Paris

Das Eck-Beisl am Anfang der Josefstädter Straße lässt die Wiener Hausmannskost hochleben. Grießnockerlsuppe, Eiernockerl, Gulasch und gekochte Rinderbrust erhält man zu Preisen, wie sie in der gutbürgerlichen Josefstadt selten sind. Ein Gedicht ist das Kalbsherz in Wurzelsauce mit Semmelknödel. Liebhaber besonders deftiger Kost kommen beim Blunzenpudding (Blutwurst) mit Sauerkrautsalat auf ihre Kosten. Dazu werden österreichische Weine gereicht.
Das Ambiente mit einfachen Wirtshausstühlen und Resopaltischen, dunkler Holzvertäfelung und mehr als fünf Meter hohen Räumen schätzte bereits Stammgast Heimito von Doderer, der Autor der „Strudlhofstiege". Heute kann man hier dem Wiener Bürgermeister beim Mittagstisch begegnen. Im Schanigarten mit seinen Tischen und Stühlen auf dem Bürgersteig der Lenaugasse vor dem Lokal sitzt es sich so gemütlich, dass man gerne noch einen Zwetschgenstrudel ordert.

€ Gastwirtschaft Blauensteiner/Zur Stadt Paris, Lenaugasse 1, 1080 Wien, Tel. 01 405 14 67, https://gastwirtschaft-blauensteiner.eatbu.com; Mo.–Sa. 11.00–22.30 Uhr

1 Der Ubl

Eine hübsche Schank, Holzboden, dunkle Vertäfelung – beim Ubl fühlt sich auf Anhieb wohl, wer nach einem authentischen Wiener Speiselokal Ausschau hält. Der fleischlastigen Wiener Küche richtet das Traditionsgasthaus ein Hochamt aus. Neben dem klassischen Schnitzel vom Kalb mit saftiger Panier, serviert mit Erdäpfelsalat, erfreuen etwa Tafelspitz oder gebratene Hühnerleber mit Salbei auf Blattsalat den Gaumen. Spargel, Eierschwammerl, Wild und Co. setzen saisonale Schwerpunkte. Und vielleicht findet sich auch noch ein Platz für die flaumige Walnuss-Palatschinke mit Schlagobers? Eine mit Rosen und Hagebutten durchzogene Hecke schirmt den kleinen Ubl-Gastgarten von Straße und Sonne ab. Altehrwürdig und ruhig ist das Ambiente im Ubl, der Naschmarkt nebenan mit seiner quirligen Open-Air-Marktmeile scheint weit entfernt.

€€ Der Ubl, Pressgasse 26, 1040 Wien, Tel. 01 587 64 37, Mi.–So. 12.00–14.00 Uhr, sowie ab 18.00 Uhr

4 Gasthaus Rebhuhn

Wiener Küche in Reinkultur zelebriert auch das Gasthaus Rebhuhn. Der Schopfbraten wird mit dunklem Bier zubereitet, die Knödel sind hausgemacht. Auch gern nachgefragt: Wiener Schnitzel, Gulasch und Würstel mit Saft. Die Holzeinrichtung ist klassisch schön, auf den Tischen stehen oft frische Blumen. Kleiner Nachteil: Wenn das Lokal voll ist, kann es in der großen Stube laut werden.

€€ **Gasthaus Rebhuhn,** Berggasse 24, 1090 Wien, Tel. 01 319 50 58, www.rebhuhn.at; tgl. 11.00 bis 24.00, Juli und Aug. Sa., So. ab 18.00 Uhr

5 Schöne Perle

Der Name klingt nach Fernost, doch bei der Schönen Perle im angesagten Karmeliterviertel handelt es sich um ein Wiener Beisl der neuen Art mit hellem und modernem Interieur. Das Schnitzel vom Strohschwein gehört zu den besten der Stadt, die Küche versteht sich aber auch auf fleischlose Gerichte von Kürbiseintopf über Mangold-Quiche bis hin zu einer reichen Auswahl an knackig-frischen Salaten.

€€ **Schöne Perle,** Große Pfarrgasse 2, 1020 Wien, Tel. 01 890 32 04, www.schoene-perle.at; Mo.–Fr. ab 11.00, Sa., So. ab 9.30 Uhr

6 Am Nordpol 3

Eine böhmische Köchin gehörte im 19. Jh. zu den wichtigsten Angestellten eines gehobenen Wiener Haushalts – und mit den Kochkünstlerinnen aus dem Norden hielten auch deren Spezialitäten in der Donaumetropole Einzug. Im Beisl am Augarten ergänzen einige dieser Schmankerl böhmischer Provenienz die traditionelle Wiener Küche. Die Krautsuppe mit Selchwurst gehört zu den Spezialitäten des Hauses und ist, ebenso wie Grammelknödel und der Schweinsbraten mit Sauerkraut, üppig portioniert. Dazu passt natürlich ein süffiges Jezek-Bier. Mohnpalatschinken oder Liwanzen, ein rundes Hefeteiggebäck mit Topfen (Quark), Rahm und Powidl (Pflaumenmus), müssen auch noch sein. Kontraste zur urigen Gaststube samt ihrer alten Theke setzen die farbenfrohen Bilder an den Wänden. Und der Gastgarten hier gehört zu den schönsten in der Leopoldstadt.

€€ **Am Nordpol 3,** Nordwestbahnstraße 17, 1020 Wien, Tel. 01 333 58 54, www.nordpol3.at; Mo.–Fr. 17.00–23.30, Sa. und So. 12.00–23.30 Uhr

7 Gasthaus Stern

Ein Beisl wie aus dem Bilderbuch ist auch das Gasthaus Stern in Simmering. Großes Augenmerk wird der Innereienküche gewidmet. Leber, Beuschl, Nieren und „weiße Nierndl" (Stierhoden) haben einen treuen Freundeskreis. Wer es konventioneller mag: Auch Backhendl, (marinierte) Surschnitzel und saisonale Spezialitäten sind vorzüglich. Gigantisch ist die Cremeschnitte – vor ihr muss gewarnt werden! Die Weinkarte umfasst Spitzentropfen.

€€€ **Gasthaus Stern,** Braunhubergasse 6, 1110 Wien, Tel. 01 749 33 70, www.gasthausstern.at; Mi.–Fr. 17.30–23.00, Sa. 11.00–23.00, So. 11.00 bis 16.00 Uhr

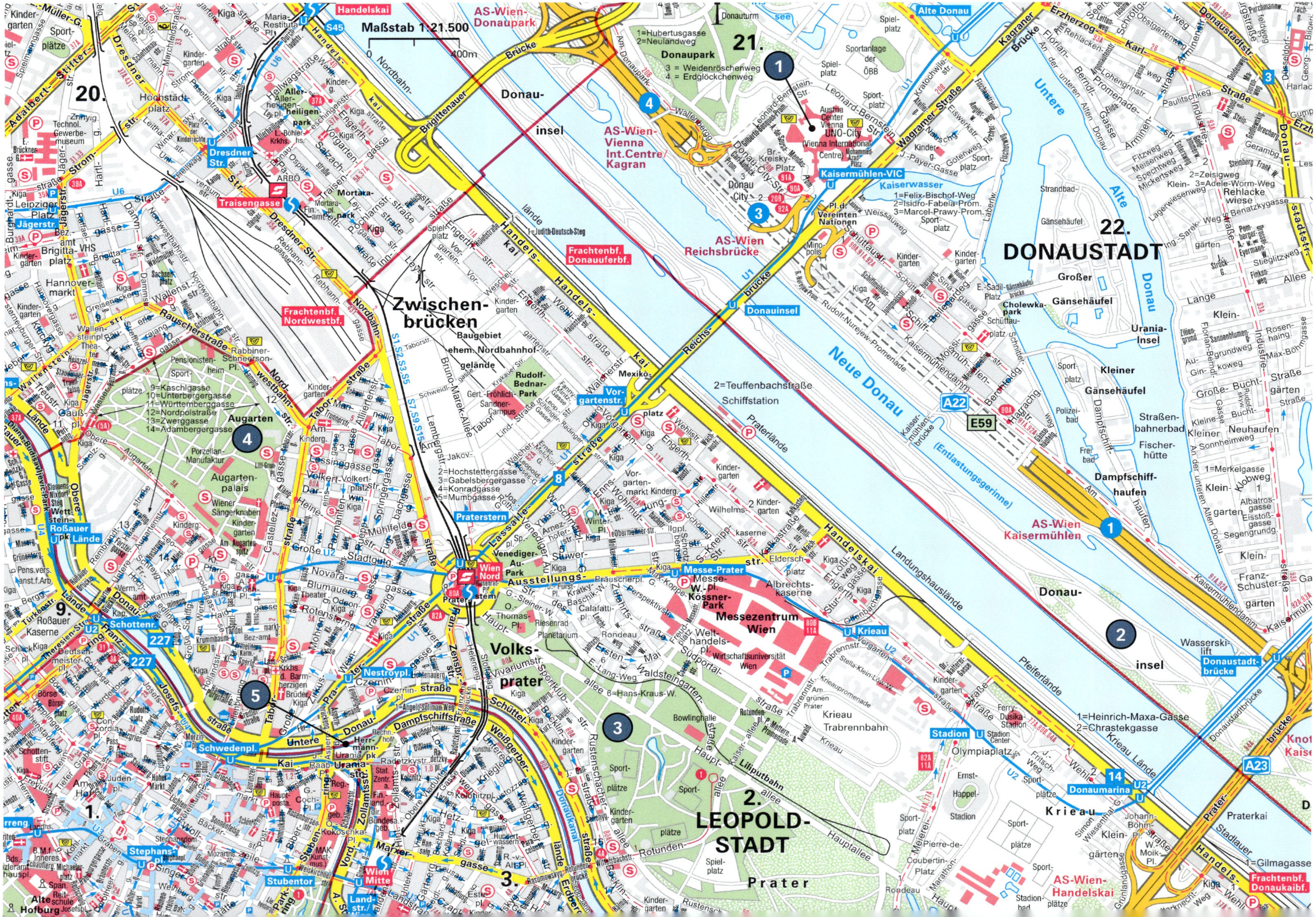
Maßstab 1:21.500
0
400m
20.
21.
22.
DONAUSTADT
2.
LEOPOLDSTADT
9.
1.
3.
Donaupark
Donau-
insel
Neue Donau
Untere
Alte
Donau
Zwischen-
brücken
Volks-
prater
Prater
Augarten
Augarten-
palais
Messezentrum
Wien
AS-Wien-
Donaupark
AS-Wien-
Vienna
Int.Centre/
Kagran
AS-Wien
Reichsbrücke
AS-Wien
Kaisermühlen
AS-Wien-
Handelskai
Frachtenbf.
Donauuferbf.
Frachtenbf.
Nordwestbf.
Frachtenbf.
Donaukaibf.
Handelskai
Dresdner
Str.
Traisengasse
Jägerstr.
Roßauer
Lände
Schottentor
Schwedenpl.
Stephansplatz
Stubentor
Wien
Mitte
Landstr.
Nestroypl.
Praterstern
Wien
Nord
Vorgartenstr.
Messe-Prater
Krieau
Stadion
Donaumarina
Donauinsel
Kaisermühlen-VIC
Alte Donau
Donaustadt-
brücke
Reichsbrücke
Brigittenauer
Brücke
Handelskai
Lassallestr.
Ausstellungsstr.
Dresdner Str.
Wagramer Straße
Erzherzog-Karl-Straße
Kagraner Brücke
Praterkai
Landungshauslände
Pfeiferlände
Krieau Lände
Hauptallee
Liliputbahn
Prater-
lände
Schiffstation
Dampfschiffstraße
Weißgerber-
lände
Donaukanal
Wasserski-
lift
Gänsehäufel
Kleiner
Gänsehäufel
Großer
Urania-
Insel
Dampfschiff-
haufen
Krieau
Trabrennbahn
Olympiaplatz
Rudolf-
Bednar-
Park
Baugebiet
ehem. Nordbahnhof-
gelände
UNO-City
Vienna International
Centre
Austria
Center
Vienna
Kaiserwasser
1=Hubertusgasse
2=Neulandweg
3 = Weidenröschenweg
4 = Erdglöckchenweg
1=Felix-Bischof-Weg
2=Isidro-Fabela-Prom.
3=Marcel-Prawy-Prom.
9=Kaschigasse
10=Unterbergergasse
11=Württembergergasse
12=Nordpolstraße
13=Zwerggasse
14=Adambergergasse
2=Hochstettergasse
3=Gabelsbergergasse
4=Konradgasse
5=Mumbgasse
2=Teuffenbachstraße
1=Heinrich-Maxa-Gasse
2=Chrastekgasse
1=Merkelgasse
1=Gilmagasse
A22
E59
A23
S1,S2,S3,S5
S7,S9,S15
U6
U1
U2
U4
1
2
3
4
5

VOM KANAL ZUM STROM

Auszeit von der Stadt gewünscht? Dann am besten an die Donau. Deren Freizeitparadiese ziehen Sportler, Sonnenanbeter und Naturfreunde in Scharen an. Die erste Adresse Wiens in Sachen Vergnügen und Jahrmarktatmosphäre ist der Wurstelprater – und das seit mehr als 250 Jahren. Jung und trendig präsentiert sich die Freizeitmeile am Donaukanal, nur einen Steinwurf von der Innenstadt entfernt.

1 Donau City

Am linken Ufer der Donau glitzern im Stadtteil Kagran die Stahl- und Glaspaläste der Donau City im Sonnenlicht. Hier verleihen u. a. die höchsten Gebäude Österreichs der Stadt ein bisschen New Yorker Flair (U1 Kaisermühlen).

SEHENSWERT/ERLEBEN

Blickfang in Sachen Design ist der 250 m hohe, dunkel glänzende **DC Tower 1** (Donau City Tower). Das 2014 eröffnete Hochhaus des französischen Architekten Dominique Perrault ist in „grüner" Bauweise errichtet, beherbergt neben Büros auch das **€€€ Restaurant & Lounge** des **Hotels Meliá Wien**. Hier gibt's zu Gaumenschmaus und Cocktails tolle Wien-Blicke (www.melia.com/de/hotels/osterreich/wien). Rivale in Sachen Aussicht ist der **Donauturm** (1964), mit 252 m bis zur Spitze gerade mal zwei Meter höher als der DC Tower. Schnelle Lifte befördern die Besucher hinauf zum rotierenden Aussichtsrestaurant. In 165 m Höhe startet eine spektakuläre, 40 m lange Rutsche (Donauturmstraße 4, Tel. 01 263 35 72, www.donauturm.at; tgl. 10.00–23.00 Uhr).

Tipp

Auf eine Stelze und Bier

Zum Prater-Programm gehört ein Aufenthalt im schönsten Biergarten der Stadt, dem „Schweizerhaus". Die saftigen Schweinsstelzen und die Erdäpfelpuffer sind Legende, dazu passt am besten ein frisch gezapftes Budweiser. Die reduzierte Kohlensäure macht das Bier bekömmlicher – aber bloß nicht übertreiben, wenn danach noch Schwerkräfte diverser Bahnen und Schaukeln auf einen einwirken!

INFORMATION

Schweizerhaus, Prater 116, Tel. 01 72 80 15 20, www.schweizerhaus.at; Mitte März–Okt.

Blick aus dem Donauturm (links). Wakeboardlift oder pure Erholung – die Donauinsel hat Raum für jede Art Freizeit (rechts oben und unten).

Die in den 1970ern errichteten Bürotürme der **UNO-City** (auch Vienna International Center/VIC) rufen in Erinnerung, dass Wien einer der vier Amtssitze der Vereinten Nationen ist. Die meisten Schlagzeilen macht hier die Internationale Atomenergiebehörde IAEA (Wagramer Straße 5, www.unis.unvienna.org; Führungen Mo.–Fr. online zu buchen).

UMGEBUNG

Alltagsstress verpufft in den Freizeitparadiesen an der **Alten Donau TOPZIEL** (U1 Alte Donau, U6 Neue Donau). Auf gut 5,2 km Länge reihen sich Strandbäder, Uferrestaurants und Promenaden. Prominentestes Strandbad (Anf. Mai bis Mitte Sept.) ist das Gänsehäufel. Zudem wird an dem Donau-Altarm fast die ganze Palette der Wassersportmöglichkeiten ausgekostet.

2 Donauinsel

Mit der Donauinsel haben die Wiener einen Freizeitraum vor die Füße gelegt bekommen. Zehntausende genießen an heißen Sommerwochenenden ihre Freizeit auf „der Insel" (U1 Donauinsel, U2 Donaumarina und Donaustadtbrücke, U6 Neue Donau).

AKTIVITÄTEN

Auf der westlichen Seite genießt man schöne Stadtblicke, auf der Ostseite bietet die Neue Donau kostenfreien Badespaß mit Liegeflächen und schwimmenden Plattformen. In zwei gekennzeichneten Bereichen ist das textilfreie Baden erlaubt. Mit dem Fahrrad lässt sich die 21 km lange Donauinsel am besten erkunden – ein Verleih befindet sich am Nordende der Reichsbrücke (Am Damm 1, Tel. 01 263 52 42, http://fahrradverleih.at; März–Okt. ab 9.00 Uhr).

VERANSTALTUNG

Am letzten Juni-Wochenende geht mit dem **Donauinselfest** Europas größtem Gratis-Open-Air in Szene – gut ein Dutzend Bühnen werden simultan mit Konzerten aller Genres bespielt (https://donauinselfest.at).

3 Prater

Seit seiner Eröffnung 1766 ist der **Prater TOPZIEL** erste Adresse der Wiener für einen vergnüglichen Tag im Freien. Von Praterrummeltagen bis zum Wintermarkt – einer lauten Version eines Adventsmarkts – rund ums Riesenrad wird zudem viel Programm geboten (U1 und U2 Praterstern, S-Bahn Praterstern Wien/Nord, Straßenbahnen O und 5).

SEHENSWERT

Vom Praterstern kommend, bestimmen die Umrisse des **Riesenrads** die Skyline. Was 1897, knapp vor dem 50-jährigen Thronjubiläum Kaiser Franz Josephs 1898, eine Sensation war, ist heute in der Nostalgieabteilung zu Hause und erlaubt den Blick über Stephansdom und Kahlenberg bis zur Donau aus maximal 64 m Höhe (Riesenradplatz 1, www.wienerriesenrad.com; Mai–Aug. 9.00–23.45 Uhr, sonst kürzer). Der **Wurstelprater** – abgeleitet vom Wurstel bzw. Kasperl – vereint mehr als 200 Attraktionen; man zahlt im Wurstelprater keinen allgemeinen Eintritt, sondern für jede Fahrt extra (www.praterwien.com; Hauptsaison Mitte März–Okt.).

Tipp

Aussichtsloge mit Design-Appeal

Mit dem puristischen Design von Stararchitekt Jean Nouvel und den pulsierenden Lichterdecken der Schweizer Künstlerin Pipilotti Rist ist das LOFT unter dem Dach des SO/ Vienna eine Augenweide. Besonders spektakulär ist es, bei einem Drink oder einem exklusiven Gourmetdinner den Sonnenuntergang über dem Wienerwald zu beobachten. In mittlerer Entfernung bietet sich der Stephansdom dem Auge dar: Der Blick auf Wiens Wahrzeichen macht's aus!

INFORMATION
Das LOFT im **im SO/ Vienna,** Praterstraße 1,1020 Wien, Tel. 06 64 88 68 25 56, www.dasloftwien.at

MUSEEN

Wer der Prominenz nahe sein will, ist bei **Madame Tussauds** richtig. In der Wien-Dependance der Londoner Attraktion dürfen Kaiser Franz Joseph und „Sisi", der Pop-Musiker Falco und Gustav Klimt in der Riege der lebensecht modellierten Wachsfiguren nicht fehlen (www.madametussauds.com/wien; tgl. 10.00 bis 18.00 Uhr). Einen Blick auf die Attraktionen von einst wirft das 2024 neu konzipierte

Der Wurstelprater im vorderen Teil des Parks macht den lauten Auftakt (links). Mit schöner Aussicht: „Motto am Fluss" (rechts)

Pratermuseum am Riesenrad (Di.–So. 11.00 bis 18.00 Uhr, wienmuseum.at/pratermuseum). Noch schillernder als der Prater präsentiert sich das Œuvre von Friedensreich Hundertwasser (1928–2000) im **KunstHausWien** jenseits des Donaukanals. „Das Bunte, das Vielfältige … ist auf alle Fälle besser als das Graue", sagte er einmal: das **Museum Hundertwasser** präsentiert Werke des Künstlers und zeigt auch sein ökologisches Engagement, es gilt mittlerweile als erste Anlaufstelle für Öko-Themen (Untere Weißgerberstraße 13, www.kunsthauswien.com; tgl. 10.00–18.00 Uhr). Die Geschichte der Wiener „Öffis" seit den Anfängen – der Pferdetram 1865 – erzählt das bestens bestückte **Verkehrsmuseum** der Wiener Linien (Erdbergstraße 109, www.remise.wien; Mi. 9.00–18.00, Sa. und So. 10.00–18.00 Uhr).

AKTIVITÄTEN

Der Spaziergang auf der über 4 km langen Hauptallee bringt die schönsten Seiten des **Grünen Praters** näher. Wenn unterwegs Kohlegeruch in die Nase steigt: Das ist die Liliputbahn, die seit 1928 ihre 4 km langen Runden dreht (www.liliswelt.at; Mitte März bis Okt., am Wochenende mit historischen Dampfloks). Im **€€ Café-Restaurant Lusthaus** wird Wiener Küche in barockem Ambiente von 1783 geboten (Tel. 01 728 95 65, www.lusthaus-wien.at).

4 Augarten

Die Silhouette des Augartenparks bestimmen gestutzte Baumreihen und zwei Flaktürme aus dem Zweiten Weltkrieg. Liegewiesen laden zum Picknick ein (U2 Taborstraße, Straßenbahn 31 Obere Augartenstraße/Gaussplatz, Straßenbahnen 2 und 5 Am Tabor sowie Taborstraße/Heinestraße, Bus 5A und 5B).

SEHENSWERT

Das barocke **Augartenpalais** (17. Jh.) im südlichen Teil des Gartens ist seit 1948 Heimat der Wiener Sängerknaben, bekannt durch die sonntäglichen Messen in der Kapelle der Hofburg (Sept.–Juni). Wenige Schritte von Ausbildungsstätte und Internat entfernt ist ihr MuTh-Konzertsaal („Musik und Theater"), der neben dem Knabenchor auch Festivals eine ultramoderne Bühne bietet. An den Friday Afternoons (Sept. bis Juni) stellen die Sängerknaben im MuTh ihr aktuelles Repertoire vor (Am Augartenspitz 1, www.muth.at).

Südl. und östl. des Augartens erstrecken sich die Straßen der **Leopoldstadt,** vor 1938 mit mehr als 40 % der Bewohner aus jüdischen Familien. Der **Weg der Erinnerung** macht die Geschichte der Vertreibung und Ermordung Tausender jüdischer Wiener zu nationalsozialistischen Zeiten mit Gedenksteinen sichtbar (http://steinedererinnerung.net).

Die Gassen um den **Karmelitermarkt** zählen zu Wiens beliebtesten und teuersten Wohngegenden. Der stimmungsvolle **Wochenmarkt** (Sa.) bringt bäuerliche Produkte nach Wien.

MUSEUM

1719 büchste der Meissener „Arkanist" Samuel Stöltzel mit der in Sachsen als Staatsgeheimnis gehüteten Porzellanrezeptur nach Wien aus – die Wiener Porzellanmanufaktur du Paquier etablierte sich in Europa als Konkurrenz Meissens. Nach wechselvoller Geschichte feierte die **Porzellanmanufaktur** 1923 im Schloss Augarten – dem heutigen Standort – Wiederauferstehung. Im Museum kann man sich in die Geschichte des weißen Werkstoffs

»WAR ES IM PRATER LUSTIG, DANN WAR WIEN GUT GELAUNT, UND WAR WIEN VERSTIMMT, DANN BLIEB AUCH DER PRATER LEER.« Felix Salten vertiefen, Designs von den Anfängen über Prachtstücke der Wiener Werkstätte bis in die Gegenwart bewundern und Mitbringsel erwerben – bis heute von Hand gefertigt (Obere Augartenstraße 1, www.augarten.com; Museum und Verkauf: Mo.–Sa. 10.00–17.00 Uhr, Führungen unter Tel. 01 21 12 42 00).

5 Donaukanal

Der **Donaukanal** **TOPZIEL**, der die Innenstadt von den Bezirken Leopoldstadt und Brigittenau trennt, hat einen spektakulären Aufschwung hinter sich. Sandstrände, Szenelokale, Sport und Spaß: Von Mai bis Okt. regiert an den ehem. Treidelwegen zwischen den U-Bahnen Rossauer Lände und Schwedenplatz Urlaubsgefühl – und seit der Corona-Zeit hat sich der Donaukanal als Treffpunkt Jugendlicher etabliert, denen zuhause die Decke auf den Kopf fiel (U4 und U1 Schwedenplatz, U2 Schottenring, U4 Rossauer Lände, Straßenbahn 1 und 2).

SEHENSWERT

Einen Blick ist das älteste in seiner Grundsubstanz noch bestehende Gotteshaus der Stadt wert, die **Ruprechtskirche** (Urspr. 12. Jh.) über dem Schwedenplatz. Sie war die Pfarre von Wien, bevor 1147 die Stephanskirche übernahm. Ihre Glasfenster-Ausstattung spannt einen Bogen von 1270 bis in die Gegenwart. Jugendstil blickt Besuchern von der Fassade des **Schützenhauses** entgegen, 1901 als Teil einer Schleusenanlage errichtet, als solches jedoch nie genutzt; heute wird hier exzellenter Fisch aufgetischt (Obere Donaustraße 26, Tel. 01 366 05 05, ottowillmeer.at).

AKTIVITÄTEN

Die Uferbereiche laden zum Flanieren, Sport, Erholen und Chillen ein. Von der Schiffsstation Wien City zwischen Marien- und Schwedenbrücke startet der Twin City Liner seine 75-Min.-Fahrt nach Bratislava (www.twincityliner.com). Auch **Rundfahrtschiffe** nutzen den Terminal (www.ddsg-blue-danube.at; Mai–Okt. tgl.). Das **Badeschiff** knüpft an Traditionen des 19. Jh. an. Nach einigen Längen im 27 m-Pool kann man am Sonnendeck entspannen und schmausen; im Winter sind urbane Eisstockschützen gefordert (www.badeschiff.at).

RESTAURANTS

Grillspezialitäten, Burger, Fisch oder orientalisches Fingerfood? In der warmen Jahreszeit verwandelt sich der Wasserarm in eine Lokalmeile mit Take-Away-Restaurants, Grillbuden und Strandbars. Immer geöffnet hat das **€€ Motto am Fluss,** das gehobene Gastronomie mit Wienblicken kombiniert (Franz-Josefs-Kai 2, Tel. 01 252 55 10, www.mottoamfluss.at).

VERANSTALTUNGEN

Beim **Donaukanaltreiben** Ende Mai sorgen Acts aus den Genres Indie, Rock und Electronic für gute Laune. Wie viele Wiener Kirchen bietet auch **St. Ruprecht** ein außergewöhnliches Musikprogramm (www.ruprechtskirche.at).

LEINEN LOS!

Die Donau ist das Revier der Schleppkähne und der Ausflugsschiffe, die Alte Donau das der Freizeitkapitäne. Nur 50 Meter neben der U-Bahn-Station Alte Donau stellt Marina Hofbauer Tret-, Ruder- und Elektroboote für jene zur Verfügung, die Wiens beliebteste Badeoase aus der Froschperspektive erleben wollen. Sieben Stundenkilometer beträgt das Tempolimit für alles, was auf dem Seitenarm der Donau unterwegs ist.

Auf der einen Seite begleiten Wiens berühmte Strandbäder die Wasserexpedition. Über den Kronen der Pappeln und Weiden lugen die Hochhäuser der Donauplatte hervor. Gegenüber wechseln Badehäuschen mit Minivillen samt Privat-Bootssteg einander ab. Ist das Leihboot mit einer Leiter ausgestattet, kann man sich auch ein Bad außerhalb von Gänsehäufel und Co. genehmigen. Die Sicht reicht stellenweise bis zum Grund. Mittendrin zieht ein Mähschiff seine Kreise im Bemühen, den Wildwuchs an Wasserpflanzen in den Griff zu bekommen.

Wer unterwegs Magenknurren bekommt, der legt etwa beim „Birner" gegenüber dem Angelibad an und stärkt sich mit Wiener Hausmannskost. Angesagt – und näher am Ausgangshafen – ist das „Bootshaus", das auf Fisch, Meeresfrüchte, Pasta und Mehlspeisen setzt und über einen Floßgarten verfügt. Wer noch nicht entspannt genug ist, meldet sich für eine sommerliche Yoga-Einheit an. Für romantische Stunden empfehlen sich Mondscheinfahrten im Elektroboot.

Allgemeine Informationen auf www.alte-donau.info

Bootsverleih Marina Hofbauer, Wagramer Straße 49/Ecke Arbeiterstrandbadstraße, Tel. 01 204 20 20 85, www.marina-hofbauer.at

Das Bootshaus, An der Alten Donau 61, Tel. 01 24 10 08 11, www.dasbootshaus.at

Gasthaus Birner, An der Oberen Alten Donau 47, Tel. 01 271 53 36, www.gasthausbirner.at

ERLOH.COM
NACHBARIN

Jenseits der Ringstraße

*

DIE KREATIVSTEN ECKEN VON WIEN

*

Jenseits der Ringstraße zeigt Wien sein junges Gesicht. Trendige Einkaufsstraßen und Szeneviertel wechseln einander ab, als Drehscheibe zeitgenössischen Kunstschaffens überstrahlt das MuseumsQuartier Wiens Kreativbezirk Neubau. Legendäre Kulturstätten erzählen vom Aufbruch Wiens in die Moderne, aber auch ein Besuch des Naschmarkts gehört zum Pflichtprogramm.

Auf der Suche nach ausgefallener Mode und schönen Accessoires lohnt ein Bummel durch die Gumpendorfer Straße.

Die Innenhöfe des Museums-Quartiers prägen die farbenfrohen Enzi-Möbel – und der Hitze der Großstadt rückt man mit üppigem Grün zu Leibe (rechts und Mitte rechts).
Die Pathologisch-Anatomische Sammlung im Narrenturm (Mitte links) zeugt auch von den Irrungen und Wirrungen der Wissenschaft – etwa der Phrenologie, deren Anhänger glaubten, von den Schädelformen des Menschen auf bestimmte geistig-seelische Veranlagungen schließen zu können.

Die (Um)Welt ist selbst Kunst: Durchblick im Leopold Museum des MuseumsQuartiers auf das Kunsthistorische Museum (links).

Leopold Museum im MuseumsQuartier:
Egon Schieles 1917 entstandene „Liegende Frau"

Spittelberggasse: Zwischen Hipster-Cafés, Ethnorestaurants, Szenebars und Bierlokalen findet jeder sein Angebot.

Kaum beginnen im Frühjahr die Vögel zu zwitschern, werden im MuseumsQuartier (MQ) die Enzi-Möbel ins Freie gerückt: Diese kultigen Freiluftmöbel sind längst zum Markenzeichen des Kunstareals am Rande von Neubau, dem 7. Wiener Gemeindebezirk, geworden. Zwischen dem anthrazitfarbenen Block des Museums moderner Kunst und dem schneeweißen Leopold Museum blinkt es, je nach Saison-Farbe, etwa in sportgummirot oder twinnigrün.

Reichlich Farbe in die Wiener Kulturszene bringen die MQ-Macher schon seit der Jahrtausendwende – 2026 wird der 25. Jahrestag groß gefeiert. Wo einst hinter barocken Fassaden die Rösser der kaiserlichen Hofstallungen auf Hochglanz gestriegelt wurden, bürsten heute diverse Kunstinitiativen den Zeitgeist gegen den Strich. Workshops und Events gehen in Szene, ganz auf der Höhe der Zeit präsentieren sich die Produktionen der Wiener Festwochen und das Impulstanz-Festival in den MQ-Hallen.

Zwischen Museumsbesuch und Theater hängt man auf den Enzis, auf der coolen Plattform des Leopold-Museums („Libelle") oder in den Szenelokalen ab, für eine Runde Boule ist auch noch Zeit. Der Spirit strahlt auf den ganzen Bezirk aus, den Modeschöpfer und Designer zum „Kreativbezirk" Wiens machten.

SCHNURSTRACKS IN DIE MODERNE

Ein MQ-Vorläufer als Labor der Moderne war die Secession am Beginn des Wiener Naschmarkts. „Der Zeit ihre Kunst – der Kunst ihre Freiheit", steht in goldenen Lettern über dem Portal. Mit diesem Motto machte sich um 1900 eine Generation von Künstlern auf, das träge gewordene Habsburger Reich in die Moderne zu katapultieren. In ihrem 1898 eröffneten Ausstellungshaus bot die Künstlervereinigung Secession dem Neuen in Malerei, Architektur und Design eine frühe Bühne. Der Erbauer Joseph Maria Olbrich brachte die Aufbruchsstimmung der Epoche in der Formensprache des Jugendstils zum Ausdruck. Blumige Muster ranken sich die weißen Wände empor, Spiralmuster und vergoldete Ornamente sind zu sehen. Blickfang Nummer eins ist jedoch die vergoldete Blattwerk-Kuppel; ihr verdankte die Secession den Spitznamen „Krauthappel". Gut möglich, dass sich dazu einst ein Naschmarkt-Händler von gegenüber beim Blick auf seine Kohlköpfe inspiriert fühlte.

Erster Präsident der Secession war der Maler Gustav Klimt (1862–1918), der schon bei der Ausstattung der Ringstraßengebäude mit dem Establishment in Konflikt gekommen war. Zu lasziv, zu viel nackte Haut, erregten sich die Sittenwächter über Klimts allegorische Frauendarstellungen. Und was aus dessem Privatleben durchsickerte, entsprach auch nicht gerade dem Idealbild eines honorigen Bürgers. Klimt hatte mit mehreren seiner Modelle Kinder, es gab Gefährtinnen und Musen – wer kannte sich da noch aus? Und trotz aller Verstrickungen – oder gerade deswegen – zog es Klimt vor, zeitlebens im „Hotel Mama" zu wohnen.

Unsterblich wurde Klimt als Porträtist des jüdischen Großbürgertums. Das berühmteste dieser Gemälde ist die „Goldene Adele" (1907). Adele Bloch-Bauer, Mitte zwanzig, scheint mit dem Hintergrund, einem See von Blattgoldauflagen, angereichert mit Spiralformen und weiteren Ornamenten, beinahe zu verschmelzen. „Mehr Blech als Bloch" spotteten Zeitgenossen. Doch längst gehört die „Goldene Adele" zu jenen Meisterwerken, die weltweit für Wiens atemberaubendes Kunstschaffen um 1900 stehen. Die Nichte von Adele erstritt 2005 die Rückgabe des von den Nazis „arisierten" Gemäldes; Mitte 2006 wechselte es für angeblich 135 Millionen US-Dollar den Besitzer und ist heute in der Neuen Galerie in New York zu sehen.

GEBURTSWEHEN DER MODERNE

Auch in anderen Bereichen raste die Stadt im Eilzugtempo in die Moderne. Arnold Schönberg stellte mit seiner Zwölftonmusik die etablierten Hörgewohnheiten des Publikums hart auf die Probe. Ein skandalumwitterter Abend 1913 im Musikverein ging als „Watschenkonzert“ in die Annalen ein. Literarischer Tabubrecher des Fin de Siècle war Arthur Schnitzler mit seinen Stücken über unterdrückte Sexualität, Ehebruch und Affären. In der Berggasse 19 legte Sigmund Freud das Fundament für seine Theorie der Psychoanalyse. Die Welt war im Umbruch, diskutiert wurde darüber in den Wiener Cafés, in denen etwa Theodor Herzl und Leo Trotzki an Entwürfen für eine neue Welt bastelten und wo sich die Wege von Stefan Zweig und Hugo von Hofmannsthal kreuzten.

»ES MUSS DAMALS IN WIEN GANZ INTERESSANT GEWESEN SEIN ...«

Hermann Bahr (1863–1934) über das Wien um 1900

Hundekuschelpause vor der Karlskirche (oben). Eine Geburtsstätte der Wiener Moderne ist die 1898 erbaute Secession – hier Kulisse des Wien-City-Marathon (unten).

Die wohl fruchtbarste Epoche der österreichischen Kunstgeschichte fand 1918 ein jähes Ende. In dem Jahr, in dem die Donaumonarchie unterging, starben Gustav Klimt und der Expressionist Egon Schiele, der Architekt Otto Wagner, dessen Bauten Wiens Stadtbild bis heute maßgeblich prägen, und der Allround-Künstler Koloman Moser, Mitgründer der Wiener Werkstätte. Bis zur Wiederentdeckung dauerte es Jahrzehnte. Heute ist „Wien um 1900“ längst ein kulturelles Gütesiegel. Kein Wunder, dass die vier Schlüsselfiguren der Wiener Moderne mehr als hundert Jahre nach ihrem Tod in hochkarätigen Ausstellungen erneut in den Fokus des Interesses rückten.

KLIMTS „KUSS“, CANALETTOS BLICK

Die weltgrößte Sammlung von Klimt-Gemälden besitzt das Museum Belvedere. Ein Blick auf „Der Kuss“ im Oberen Belvedere ist so bezaubernd wie jener von Prinz Eugens Barockschloss hinab auf Wien. Diese Ansicht hielt bereits 1758 der

Das Hundertwasserhaus Ecke Kegelgasse/Löwengasse ist eine bis 1985 im Auftrag der Stadt Wien erbaute, nur von außen zu besichtigende Wohnhausanlage.

Wiener Secession: Der Beethovenfries, ein von Gustav Klimt im Jahr 1901 gemalter Bilderzyklus, gehört zu den herausragenden Werken des Wiener Jugendstils.

Blick auf das Obere Belvedere: Die Anlage wurde von 1714 bis 1723 durch Johann Lukas von Hildebrandt auf einem leicht ansteigenden Gelände vor den seinerzeit südlichen Toren der Stadt für den Prinzen Eugen realisiert und umfasst zwei Prunkschlösser mit verbindender Gartenanlage.

venezianische Maler Bernardo Bellotto, genannt Canaletto, fest, sie ist eine der schönsten auf die Metropole. Bevor es über den Barockgarten zurück ins städtische Gewühl geht, unbedingt auskosten!

WIEN MUSEUM GANZ NEU

Als spektakuläres Schaufenster auf die Stadt präsentiert sich auch das nach Generalrenovierung Ende 2023 neu eröffnete Wien Museum. Unter den 1700 Exponaten der Dauerausstellung „Wien. Meine Geschichte" ist alles dabei – von riesigen Stadtmodellen über ikonische Klimt-Gemälde bis zu einem frei schwebenden, zehn Meter langen Wal aus Holz und Kupferblech, der einst ein Gasthaus im Prater schmückte. Die permanente Schau ist üppig ausgefallen und kostenfrei zugänglich. Das macht es leicht, den Kunsthappen auf mehrere Besuche verteilt zu genießen. Auch architektonisch setzt das Haus am Karlsplatz Ausrufungszeichen. Der Oswald-Haerdtl-Bau aus den 1950er-Jahren bekam ein Dachgeschoss aus hellem, gerilltem Beton aufgesetzt. Manche Wiener erinnert der Anbau an eine Matratze, andere an einen Hut. Ziemlich alle Besucher sind sich jedoch darin einig, dass der Blick von der Aussichtsterrasse auf die barocke Karlskirche – übrigens auch im Canaletto-Blick zu sehen – phänomenal ist!

Naschmarkt

Special

Welche Verführung!

Exotische Fische, viel Obst und Gemüse sowie Gewürze aus allen Ecken der Welt – 120 Marktstände und Lokale erstrecken sich vom Getreidemarkt auf der Überwölbung des Wien-Flusses in Richtung Kettenbrückengasse.

Seit Generationen gilt der Naschmarkt als „Bauch von Wien", doch das Bild hat neue Facetten bekommen. Mit Gemüse und Obst ist kaum mehr ein Geschäft zu machen, seit immer mehr Wiener für ihre täglichen Einkäufe die Supermärkte aufsuchen. Manche Standbesitzer glauben, mit Oliven und Nüssen, getrockneten Früchten und Gewürzsäckchen die Touristen interessieren zu können – darunter leidet die Angebotsvielfalt. Unverkennbar ist zudem die rasante Ausweitung der Naschmarkt-Gastrozone. Zwischen Sushi und Falafel, regionalem Slowfood und guten Fischrestaurants können Wien-Besucher auswählen. Von den Lokalen bietet sich eine erstklassige Sicht auf das Treiben – das freilich hie und da mehr an eine Marktshow erinnert. Doch wer hier etwas Unverwechselbares sucht, der wird weiterhin fündig. Erwin Gegenbauers sortenreine Balsam-, Wein- und Fruchtessige etwa wissen auch internationale Spitzenköche zu schätzen. Am Samstag feilscht man am Flohmarkt um alte Bücher, Geschirr und Krimskrams, und manchmal findet sich in einer unscheinbaren Kiste auch das eine oder andere originelle Wien-Souvenir.

Das gabarage in der Schleifmühlgasse bietet jede Menge Beispiele für das auch in Wien angesagte upcycling design (oben links/rechts).

Es gibt nichts, was es hier nicht gibt: Naschmarkt-Stand von Özyürek (unten links) und Erwin Gegenbauers Essigspezialitäten (unten rechts).

Kaffeehäuser

EINMAL UMGERÜHRT

Wiens altehrwürdige Kaffeehauskultur bekommt neue Facetten. So manches Traditionshaus verordnete sich eine Frischzellenkur. Dazu gesellen sich Newcomer mit höchsten Ansprüchen an den Kaffeegenuss.

Marmor-Tischplatten, Thonet-Stühle, gepolsterte Sitzbänke: Wer ein klassisches Wiener Kaffeehaus betritt, taucht in eine Sphäre der Gelassenheit ein. Mag draußen das Leben brausen, hier macht es Pause. Das leise Klirren von Kaffeelöffeln und Silbertabletts, das Rascheln von Zeitungsblättern, unaufdringliches Gemurmel im Hintergrund – all das sind Geräusche, die in der Donaumetropole tiefe Entspannungsreflexe auslösen. Zu einer Tasse Melange oder einem Großen Braunen, vielleicht ergänzt um eine Mehlspeise, entfaltet sich auch ein Stück wienerischen Lebensgefühls. Diesen Umstand kleidete die UNESCO bei der Auszeichnung der Wiener Kaffeehäuser als „immaterielles Weltkulturerbe" in die Formulierung: „Die Kaffeehäuser sind ein Ort, in dem Zeit und Raum konsumiert werden, aber nur der Kaffee auf der Rechnung steht."

Im „Café Korb" in der Brandstätte 9 kann man „den besten Apfelstrudel der Stadt essen" (Elfriede Jelinek).

Bis ins späte 17. Jahrhundert reicht an der Donau die Kaffeetradition zurück. Als intellektuelle Drehscheibe und verlängertes Wohnzimmer aufstrebender Literaten erlebte das Wiener Café an der Wende zum 20. Jahrhundert eine Blütezeit. „Nichts hat so viel zur intellektuellen Beweglichkeit des Österreichers beigetragen, als dass er im Kaffeehaus sich über alle Vorgänge der Welt umfassend orientieren und sie zugleich im freundschaftlichen Kreise diskutieren konnte", schrieb Stefan Zweig, der seine Jugendjahre zwischen Griensteidl und Central verbrachte.

VON TOURISTENCAFÉS …

Heute sind Autoren und Künstler rar, die in ihrer Sitznische unter dem Einfluss von viel Koffein bahnbrechende Werke verfassen oder dazu inspiriert werden. Manche Cafés leben aber gut von den Empfehlungen, die ihnen diese literarische Tradition in Wien-Reiseführern eingetragen hat. Etwa das Café Central in der Herrengasse: Hier trifft man Touristen auf der Suche nach dem Flair der vorvorigen Jahrhundertwende. Ein anderes ist das legendäre Hawelka in der Dorotheergasse, wo einst die Wiener Künstler ihre Köpfe zusammensteckten. Trotz Publikumswechsels immer noch eine Empfehlung wert sind die abends servierten Buchteln.

… ÜBER DIE HÜTER DER TRADITION …

Touristen und Einheimische gleichermaßen zieht es in den Bräunerhof, eine Kaffeehaus-Institution, die sich konsequent der Moderne verweigert. An der Einrichtung hat sich zumindest seit dem Tod des Schriftstellers

Die Kaffee-Profis im „Jonas Reindl" wissen, woher die Bohnen (natürlich in Bio- und Fairtrade-Qualität) stammen. Sie kennen den Röster, der ihre Bohnen veredelt, oder rösten gleich selbst.

Das Cafe Bräunerhof bietet sie noch, die Musiknachmittage zum Wochenendkaffee (oben). Traditionell und modern zugleich: Café Eiles (unten).

und Bräunerhof-Liebhabers Thomas Bernhard 1989 nichts verändert. „Das typische Wiener Kaffeehaus ... habe ich immer gehasst, weil alles in ihm gegen mich ist. Andererseits fühlte ich mich jahrzehntelang gerade im Bräunerhof ... wie zu Hause", wird aus einem Werk Bernhards zitiert – auf der Speisekarte!

... BIS ZUM KAFFEEHAUS 2.0

Andere Wiener Traditionscafés haben sich mit einer Frischzellenkur für ein jüngeres und urbanes Publikum fit gemacht. So etwa das Café Eiles. Hellere Polsterbezüge, neue Böden und moderne Toiletten – mit dezentem Facelifting war der Staub der Jahrzehnte weggeblasen, ohne dass die Authentizität als Kaffeehaus gelitten hätte. Junges und freundliches Personal widerlegt das Klischee vom grantigen Ober. Frischer Wind weht auch auf der Speisekarte – eine Mischung, an der gleichermaßen Künstler, Politiker, Josefstädter, Studenten und Wien-Touristen Geschmack finden.

ZEITGENÖSSISCHES AMBIENTE

Konkurrenz bekommen die Klassiker von den Vertretern der „Specialty Coffee"-Szene, die auch in Wien ein immer größeres Publikum finden. Ein Café des neuen Typs ist das Jonas Reindl. Sein Team rückt den Kaffee als Genussmittel ins Zentrum – auch wissend, dass es in manchen etablierten Kaffeehäusern mit der Qualität des namengebenden Getränks nicht immer zum Besten bestellt ist. Sie haben in die besten Espressomaschinen investiert, und sie verstehen sich auf ihr Handwerk, dem kapriziösen Rohstoff das Beste an Geschmack zu entlocken.

Studenten der nahen Uni-Institute, Angestellte auf dem Weg ins Büro, Mütter mit Kleinkindern, Wien-Besucher: Die Lage am Verkehrsknoten Schottentor beschert dem Reindl ein gemischtes Publikum. Auf dem „Brew Menu" können sich Koffein-Junkies über Tagesspezialitäten schlau machen. Zwischen Sandwiches, Mehlspeisen und Lemon-Tartes bewegt sich das kulinarische Angebot.

Und das Ambiente? Laptops haben die Zeitung abgelöst, der Ober im Frack hat ausgedient, dezente Hintergrundmusik erklingt. Während es in manchen Coffee Bars eher puristisch zugeht, setzt das Reindl mit außergewöhnlichen Industriehockern und Designerstühlen auf zeitgenössisches Ambiente. Aber auch in einem Café der neuen Generation lassen sich noch immer gut und gern auf angenehme Weise ganze Vormittage verbringen ...

Informationen

Café Eiles, Josefstädterstraße 2, 1080 Wien, Tel. 01 405 34 10, www.cafe-eiles.at; Mo.–Fr. 7.00–24.00, Sa. und So. 8.00 bis 24.00 Uhr

Café Bräunerhof, Stallburggasse 2, 1010 Wien, Tel. 01 512 38 93; Mo.–Fr. 8.00–19.00, Sa. 8.00–18.00, So. 10.00–18.00 Uhr, Musik des Bräunerhoftrios So. 15.00–18.00 Uhr

Jonas Reindl Coffee, Währingerstraße 2–4, 1090 Wien, Westbahnstraße 13, 1070 Wien und Josefstädterstraße 37, 1080 Wien, www.jonasreindl.at; tgl. 9.30–17.30 Uhr

Café Sperl, Gumpendorfer Straße 11, 1060 Wien, Tel. 01 586 41 58, www.cafesperl.at; Mo.–Sa. 7.00–22.00, So. und Fei. 10.00 bis 20.00 Uhr, Juli und Aug. So. geschl.

Café Prückel, Stubenring 24, 1010 Wien, www.prueckel.at; tgl. 8.30–22.00 Uhr

ALSERGRUND
9.
1. INNERE STADT
2. LEOPOLDSTADT
3. LANDSTRASSE
4. WIEDEN
5. MARGARETEN
6. MARIAHILF
7. NEUBAU
8. JOSEFSTADT
Maßstab 1:21.500
Volksprater
Prater
Allgemeines Krankenhaus d. Stadt Wien
Messezentrum Wien
Stadtpark
Schwarzenberggarten
Botan. Garten der Univ.
Schottentor Uni
Rathaus
Herreng.
Stephansplatz
Stubentor
Wien Mitte
Karlspl.
Museumsquartier
Volkstheater
Neubaug.
Zieglerg.
Westbf.
Pilgramg.
Kettenbr.gasse
Taubstummeng.
Südtiroler Pl. Haupt-bahnhof
Quartier Belvedere
Rennweg
Rochusgasse
Kard.-Nagl-Pl.
Schlachthausg.
St. Marx
Schwedenpl.
Nestroypl.
Praterstern
Wien Nord
Messe-Prater
Schottenr.
Thaliastr.
Josefstädter Str.
Alser Str.
Michelbeuern-Allg. Krkhs.
Burggasse-Stadthalle
Gumpend.Str.
Margareten-Gürtel
1
2
3
4
5

ZWISCHEN RINGSTRASSE UND GÜRTEL

In den früheren Vorstädten versprühen Szene-, Shopping- und Studentenviertel urban-jugendliches Flair. Kleine Museen erinnern an große Namen, Klimt und der Jugendstil regieren allerorten. Touristische Höhepunkte sind der Komplex des MuseumsQuartiers, die Achse zwischen Karlsplatz und Naschmarkt sowie das Schloss Belvedere.

1 Sigmund-Freud-Park

Am Übergang von der Ringstraße in den Bezirk Alsergrund macht die Innenstadthektik einer gelassenen Atmosphäre Platz. Studenten der nahen Universitätsinstitute und Touristen bevölkern die Grünflächen rund um die Votivkirche. Die Cafés an Universitätsstraße und Währinger Straße empfehlen sich für eine Pause und als Ausgangspunkt, die umliegenden Museen zu inspizieren (U2 und Straßenbahnen 1, 2, D, 71, 37, 38, 40, 41, 42, 43 und 44 Schottentor).

SEHENSWERT

Die nach der Vereitelung eines Mordanschlags 1853 auf Kaiser Franz Joseph errichtete **Votivkirche** (1879 geweiht) ist einer der bedeutendsten neugotischen Sakralbauten Europas. Der 27-jährige Baumeister Heinrich Ferstel empfahl sich damit für höhere Weihen an der Ringstraße (www.votivkirche.at).
Ein Geheimtipp für Wien-Besucher ist etwas stadtauswärts der **Universitätscampus,** 1998 auf dem Gelände des ehemaligen **Allgemeinen Krankenhauses (AKH)** entstanden. Die Bänke, Liegewiesen und riesigen Gastgärten des Alten AKH lassen vergessen, dass wenige Schritte weiter das Großstadttreiben anhebt (Alser Straße).

MUSEEN

Der 1784 eröffnete **Narrenturm** in Hof 6 des Alten AKH gilt als weltweit erste psychiatrische Klinik. Heute sind in den früheren Zellen der „Narren" die makabren Exponate der Pathologisch-Anatomischen Sammlung ausgestellt, die angehenden Ärzten einst Krankheitsbilder wie die Syphilis veranschaulichten – im Museumsshop kann man sich mit allem Nötigen für Halloween eindecken (Altes AKH, Hof 6, www.nhm-wien.ac.at/narrenturm; Mi.–Sa. 10.00 17.00 Uhr). Nordöstl. der Votivkirche lebte und arbeitete Sigmund Freud, der Gründer der Psychoanalyse, von 1891 bis zu seiner Vertreibung 1938. Das **Sigmund Freud Museum** entwirft ein schillerndes Bild des berühmten „Seelenklempners", dem das irrlichternde Wien um 1900 jede Menge Patienten zur Entwicklung seiner Theorie zuführte (Berggasse 19, www.freud-museum.at, Mi.–Mo. 10.00–18.00 Uhr). Am unteren Ende der Berggasse beginnt das hübsche **Servitenviertel** (s. auch S. 23).

Einen gruslig-faszinierenden Streifzug durch die Wiener Medizingeschichte unternimmt das **Museum Josephinum**. Im Zentrum der Schau stehen die gut 200 Jahre alten, lebensechten Ganzkörper-Wachsmodelle, an denen Ärzte einst für Operationen übten (Währinger Straße 25, 1090 Wien, Tel. 01 40 16 02 60 00, http://www.josephinum.ac.at, Mi.–Sa. & Fei. 10.00 bis 18.00, Do. bis 21.00 Uhr).
Ein hochbarockes Glanzlicht setzt 400 m nördl. das **Gartenpalais Liechtenstein.** Im prunkvollen Ambiente der Liechtensteinschen Familiensammlung kommen Gemälde von Rubens, van Dyck und Lucas Cranach, wertvolle Möbel, Skulpturen und Tapisserien bestens zur Geltung (Fürstengasse 1, Tel. 01 319 57 67, www.palaisliechtenstein.com; Führungen n. Vereinb.).

2 MuseumsQuartier

Hochkarätige Sammlungen rücken Österreichs Kunstschaffen der vergangenen 120 Jahre in die Auslage, die Wiener Festwochen und das Impulstanz-Festival füllen die Säle, in den Studios und Ateliers ist die kreative Klasse am Schaffen – das **MuseumsQuartier** TOPZIEL auf dem Gelände der früheren kaiserlichen Hofstallungen ist eine der aufregendsten Kulturstätten Wiens. Hier scheint Wien vor Energie zu platzen – dennoch bleibt Platz zur Entspannung (Museumsplatz 1, www.mqw.at; U2 Museumsquartier, U2, U3 und Straßenbahn 49 Volkstheater).

SEHENSWERT

Das von einer 400 m langen Barockfassade zur Stadt hin abgeschirmte **MuseumsQuartier**-Areal zwischen Volkstheater und Mariahilfer Straße ist frei zugänglich. Zwischen historischen Gebäuden aus dem 18. und 19. Jh. und modernen Museumsbauten erstrecken sich Höfe; in Cafés, beispielsweise im „Glacis Beisl" (s. S. 66), und auf trendigen Freiluftmöbeln gewinnt man Abstand vom städtischen Trubel. Weiter westl. lockt das szenige Viertel am **Spittelberg** (zwischen Siebenstern- und Burggasse) mit biedermeierlich geprägten Gassen zu einem Bummel. Rund um Siebensterngasse und Kirchengasse geben Wiener Modemacher und Designer den Ton an (s. auch S. 23).

MUSEEN

Meisterwerke der österreichischen Moderne, darunter Bilder des frühen Expressionisten Egon Schiele (1890–1918), machen das muschelkalkweiße **Leopold Museum** zum Besucher-

AKH-Campus der Universität (links). MuseumsQuartier: Café-Restaurant Corbaci (rechts oben) und Klimts „Tod und Leben" im Leopold Museum (rechts unten)

magneten im „MQ" (www.leopoldmuseum.org; Mi.–Mo. 10.00–18.00 Uhr, Sommer tgl. 10.00 bis 18.00 Uhr). In Kontrast steht am anderen Ende des zentralen Hofs der dunkle Basaltquader des **Museums Moderner Kunst Stiftung Ludwig Wien** (www.mumok.at; Di.–So. 10.00 bis 18.00 Uhr). Interessante Blicke auf die Baukunst erschließt das **Architekturzentrum** (ww.azw.at; tgl. 10.00–19.00 Uhr). Wohnkultur aus drei Jahrhunderten vermittelt das in einer Seitengasse gelegene **Hofmobiliendepot** (Andreasgasse 7, www.moebelmuseumwien.at; Di.–So. 10.00–17.00 Uhr). Im **Haydnhaus,** wo Joseph Haydn (1732–1809) von 1797 bis zu seinem Tod lebte und u. a. „Die Schöpfung" komponierte, erfährt der Besucher von der verbindenden Kraft der Musik (Haydngasse 19, www.wienmuseum.at; Fr.–So. 10.00–13.00 und 14.00 bis 17.00 Uhr).

Tipp

Flanieren auf der „Mahü"

Die längste Einkaufsmeile der Donaumetropole bildet die innere Mariahilfer Straße an der Grenze vom 6. zum 7. Bezirk. Große Läden neben kleinen, Einkaufscenter neben Eisdielen, Cafés und gemütliche Passagen prägen das Bild auf 1,8 km vom Getreidemarkt bis zum Gürtel. Als die „Mahü", wie die Wiener sagen, in eine Fußgänger- und Begegnungszone umgewandelt wurde, lief der Handel Sturm, Boulevardpresse und Autofahrer schimpften – die Grünen setzten sich aber durch. Und heute? Shoppt und flaniert es sich auf der Mahü sehr entspannt.

INFORMATION
www.mariahilferstrasse.at; U3 MuseumsQuartier, Neubaugasse, Zieglergasse, Bus 13A

3 Karlsplatz

Der Karlsplatz ist ein Mega-Verkehrsknotenpunkt. Entstanden um 1900 durch die Überbauung des Wienflusses, wurde er nach Kaiser Karl VI. benannt. Blickfang ist die barocke Karlskirche, vor der ein Weihnachtsmarkt und Konzerte in Szene gehen (U1 und U4, Straßenbahn, Bus Karlsplatz und Oper).

SEHENSWERT
Während der letzten großen Wiener Pestepidemie 1713 gelobte Kaiser Karl VI., eine Kirche für seinen Namenspatron Karl Borromäus zu bauen, der auch als Pestheiliger gilt. Die **Karlskirche** (1739) ist das letzte große Werk des Architekten Johann Bernhard Fischer von Erlach.

MUSEEN
Ein 5 m hohes Modell von St. Stephan und Gustav Klimts Porträt von Emilie Flöge gehören zu den Glanzlichtern des 2023 neu eröffneten **Wien Museums**. Die Dauerausstellung zu 3000 Jahren Stadtgeschichte ist kostenfrei zugänglich, im Dachgeschoss gehen hochkarätige Wechselausstellungen in Szene (Karlsplatz 8, Di., Mi. & Fr. 9.00–18.00 Uhr, Do. bis 21.00 Uhr, Sa. und So. 10.00–18.00 Uhr). Nordwestlich befindet sich im Küntlerhaus die Dependance der Albertina. **Albertina modern** präsentiert vorwiegend Schlüsselwerke österreichischer Kunstschaffender der Nachkriegszeit (Karlsplatz 5, tgl. 10.00–18.00 Uhr, www.albertina.at). Im Untergeschoss der **Secession** (1898) setzt Klimts Beethovenfries Glanzlichter, eine Übertragung der 9. Symphonie des Wahlwieners Beethoven in die Sphäre bildender Kunst; darüber hinaus wird zeitgenössisches Kunstschaffen gezeigt (Friedrichstraße 12, www.secession.at; Di.–So. 10.00–18.00 Uhr). Ein Muss für alle Musikfreunde ist im eleganten Art-Déco-Bau vis-a-vis das neue **Johann-Strauss-Museum**. Im Mittelpunkt der High-Tech-Tour mit GPS-getrackten Kopfhörern steht Walzerkönig Johann Strauss Sohn (1825–1899). Biographie und Werk des „ersten globalen Popstars" werden mit beeindruckenden Special Effects und begleitet von seiner fantastischen Musik vergegenwärtigt. Ein Tipp für Kreative: An der Komponiermaschine den „eigenen" Walzer zusammenstellen (Friedrichstraße 7, https://www.johannstraussmuseum.at, So. bis Do. 10.00–19.00 Uhr, Fr., Sa. bis 20.00 Uhr).

EINKAUFEN UND GENIESSEN
Schräg gegenüber der Secession beginnt Wiens größter und bedeutendster Markt, der **Naschmarkt.** Auf den 700 m bis zur Kettenbrückengasse werden neben Lebensmitteln auch Spezereien aus aller Welt verkauft. Riesig das Angebot an Gastroständen und Lokalen (Mo.–Sa. 6.00 bis 18.00, Fr. 6.00–19.30 Uhr). Meeresgetier genießt man am besten bei, **Umarfisch** (Stand 38, www.umarfisch.at; tgl. 11.00–22.00 Uhr).

Tipp

Auf Schuberts Spuren

Am 31. Januar 1797 erblickte im „Haus zum roten Krebsen" der Komponist Franz Schubert das Licht der Welt. In den Wohnräumen der kinderreichen Familie Schubert befindet sich heute eine Gedenkstätte. Schubert-Porträts blicken von den Wänden, aus einer Vitrine lugt die „Schubert-Brille", ein „Markenzeichen" des 1828 verstorbenen Musikers. Wegen seiner Angewohnheit, gleich nach dem Aufwachen ans Notenschreiben zu gehen, soll er sie auch nachts aufbehalten haben.

INFORMATION
Schuberts Geburtshaus, Nussdorfer Straße 54, www.wienmuseum.at; Fr.–So. 10.00–13.00, 14.00–17.00 Uhr

4 Belvedere

Dass sich im Barock nicht nur die Habsburger auf feudale Repräsentation verstanden, zeigt das **Belvedere TOPZIEL** des „Türkenbezwingers" Prinz Eugen von Savoyen (Oberes Belvedere S-Bahn und Straßenbahnen 1, 18 und O Quartier Belvedere sowie D Schloss Belvedere; Unteres Belvedere Straßenbahn 71 Unteres Belvedere, D und 2 Schwarzenbergplatz).

SEHENSWERT
Die Anlage mit zwei Prunkschlössern wurde 1714–1723 vor den Toren der Stadt realisiert. Heute dient das Belvedere als Heimstatt der

Auf dem Naschmarkt (links oben). Fassadendekoration des Secessions-Gebäudes (links unten). In der Karlskirche (rechts).

Schlüsselwerke österreichischer Kunst – allen voran die größte Gustav-Klimt-Gemäldesammlung der Welt. Im **Oberen Belvedere** konnte der in den Türkenkriegen als Heerführer reich gewordene Prinz Eugen (1663–1736) mit prunkvollem Interieur und einem Traumblick auf die Stadt beeindrucken. Heute präsentieren die Säle ein „Best of" österreichischer Kunst von der Spätgotik bis Mitte des 20. Jh. (Prinz-Eugen-Straße 27, www.belvedere.at; tgl. 9.00–18.00 Uhr). Das **Untere Belvedere** wird für Sonderausstellungen genutzt. Drei große Terrassen mit Wasserbassins verbinden die beiden Schlösser; einen Blick wert ist der Alpengarten, ältester Europas, am Hauptzugang zum Oberen Belvedere (Ende März bis Anf. Aug. tgl. 10.00 bis 18.00 Uhr). Daran schließt der **Botanische Garten** der Universität Wien an (Hauptzugang Mechelgasse 2, https://botanischergarten.univie.ac.at; tgl. 10.00–16.00 bzw. 18.00 Uhr, Eintritt frei).

5 Arsenal

Das europäische Revolutionsjahr 1848 hatte auch die Habsburger das Fürchten gelehrt – in Wien entstanden festungsartige Kasernen zur Kontrolle der eigenen Bevölkerung, darunter das Arsenal mit etwa 30 mächtigen Backsteinbauten (mit 177 Mio. verbauten Ziegeln). Wo einst Rüstungsgüter erzeugt wurden und Soldaten exerzierten, sind heute u. a. Wohnungen, universitäre Einrichtungen, Probetheaterbühnen und Museen zu finden (U1 Hauptbahnhof, Schnellbahn Quartier Belvedere, Straßenbahnen 18 und O Fasangasse, Straßenbahn D Hauptbahnhof Ost, Bus 69A Arsenal).

MUSEEN

Zwischen 1850 und 1856 entstand als Kernstück des Komplexes das heutige **Heeresgeschichtliche Museum.** „Kriege gehören ins Museum", lautet das Motto des HGM – ein Museum des Pazifismus ist es aber natürlich nicht. Ausgestellt sind Uniformen, Gemälde, Waffen und Fahrzeuge, darunter das Auto, in dem Erzherzog Franz Ferdinand beim Attentat von Sarajevo saß (www.hgm.at; tgl. 9.00–17.00 Uhr). Etwas nördlich präsentiert im Schweizergarten das **Belvedere 21** österreichische Kunst der Gegenwart (www.belvedere.at; Di.–So. 11.00 bis 18.00, Do. bis 21.00 Uhr); das Museumscafé zählt zu den schönsten Wiens.

UMGEBUNG

Auf dem Alt-Wiener **Friedhof St. Marx** wurde 1791 Wolfgang Amadeus Mozart bestattet; das Mozart-Denkmal kennzeichnet heute nur die ungefähre Stelle seiner letzten Ruhestätte. 1874 zu einem Park umgestaltet, blieben hier die Grabsteine als Spiegel der biedermeierlichen Gesellschaft erhalten – von der „Bürgerlichen Kanalräumersgattin" bis zum „Jubilirten Protocollsdirektor des löblichen Magistrates der kk-Reichs- und Residenzstadt Wien" (Leberstraße 6; ab 6.30 Uhr bis Einbruch der Dunkelheit, Schnellbahn S7 St. Marx, Straßenbahn 71 Litfassstraße, Bus 74A Grasberggasse).

JA NATÜRLICH

AUF GRÜNEN WEGEN DURCH DIE STADT

Großzügige Parks, der Wienerwald und das breite Wasserband der Donau bescheren den Wienern generell ein gutes Stadtklima. Mit der Klimaerwärmung kommt nun auch zusehends frisches ökologisches Knowhow in jene Teile der Stadt, in denen Beton und Asphalt urbane Hitzeinseln entstehen lassen. Diese bisher kaum beleuchteten Umweltaspekte stellen die „Austria Guides for Future" auf ihren grünen Wegen durch Wien vor.

Wie Fassadenbepflanzungen gegen die Überhitzung von Stadträumen helfen, wird etwa auf der Tour „Aus Grau mach Grün" durch den Bezirk Mariahilf thematisiert. Startpunkt ist der Esterházy-Park mit dem grauen Flakturm aus dem Zweiten Weltkrieg, der als „Haus des Meeres" ungezählten Wasserbewohnern Obdach bietet und auch über eine Öko-Attraktion ersten Ranges verfügt: 8500 Pflanzen in 750 Trögen, die durch ein zwei Kilometer langes Schlauchsystem bewässert werden, tauchen die Nordfassade des Betonmonsters in sattes Grün und dämpfen die Umgebungstemperaturen, erfährt man.

Eine weitere Tour führt in die Seestadt jenseits der Donau, wo das zweithöchste Holzhochhaus der Welt von innovativen Wegen im Städtebau kündet. „Wien im Fluss" wiederum erschließt citynahe Erholungsoasen wie den Stadtpark. „Bis heute erfreut und erfrischt er durch seinen alten Baumbestand, großzügige Rasenflächen und verschiedene Wasseranlagen. Und im Sommer kühlt zusätzlich eine Sprühnebelstation", erzählt Austria Guide Cristina-Estera Klein. Vertikales Grün, Solaranlagen auf altehrwürdigen Gebäuden, „coole" Straßen und weitere grüne Projekte verknüpfen die Wiener Öko-Guides zu einer spannenden Erzählung – jenseits des Massentourismus.

Aufmerksamer Beobachter auf vielen Wegen: ein Eichhörnchen

Austria Guides for Future: 22 Touren im Angebot (von April bis Okt.), für Individual-Teilnehmer und private Gruppen, Termine auf der Webseite https://austriaguidesforfuture.at.
Zusammengefasst sind die Cooling-Angebote der Stadt in der App **Cooles Wien**, die es kostenlos in den App-Stores für Android und iOS gibt.

Am Wiener Gürtel

*

WEIN, PANORAMEN, SCHÖNBRUNN

*

Am Stadtrand präsentiert sich Österreichs Hauptstadt von ihrer genussreichen Seite. Die Ausläufer des Wienerwalds locken mit stimmungsvollen Heurigen und aussichtsreichen Logenplätzen. Und Schloss Schönbrunn, die ehemalige Sommerresidenz der Habsburger im noblen Vorort Hietzing, ist ein Muss für jeden Wien-Besucher.

Wiens Randbezirke sind von gut ausgeschilderten Stadtwanderwegen durchzogen. Der Stadtwanderweg 1 verläuft am Nussdorfer Heurigen Wieninger vorbei.

Als notorischer Frühaufsteher begann Franz Joseph I. in seinem Arbeitszimmer in Schloss Schönbrunn schon um 5.00 Uhr früh Akten zu wälzen. Wer Österreichs größte Touristenattraktion entspannt erleben will, sollte, wie der Kaiser, besser früh(er) aufstehen – beim Öffnen der Tore hält sich der Ansturm auf das barocke Residenzschloss noch in Grenzen. Maria Theresia, die das Schloss ab 1743 zur zentralen Bühne für die Selbstdarstellung der Habsburger erkor, engagierte die besten

»VON SCHÖNBRUNN GEHÖRT MIR DAS GLORIETT UND JENE TEILE DES PARKES, DIE DEM PUBLIKUM NICHT GEFALLEN.«

Kaiserin Elisabeth („Sisi") von Österreich

Künstler ihrer Zeit, um die von ihr erkorene Sommerresidenz in weiß-rot-goldenem Rokoko-Glanz erstrahlen zu lassen.

ABGESANG AUF DAS HAUS HABSBURG

Nur 40 von 1441 Räumen stehen auf der Grand Tour durch die Habsburger-Ära offen. Deren Schlusskapitel wurde ebenfalls in Schönbrunn geschrieben. 1830 erblickte Maria Theresias Ur-Ur-Enkel Franz Joseph in Schönbrunn das Licht der Welt. Jenes Zimmer, in dem er 1916, nach 68 Jahren auf dem Thron, die Augen für immer schloss, präsentiert sich schlicht. Zwei Jahre später, am 12. November 1918, unterschrieb sein Nachfolger, Kaiser Karl I., im Blauen Chinesischen Salon den Verzicht auf die Staatsgeschäfte – Österreich wurde zur Republik. Aber für das Schloss hob eine neue Erfolgsgeschichte an.

Bereits im Jahr 1919 steckten die ersten Neugierigen ihre Nasen in die nun leer stehenden Räumlichkeiten. Der Strom schwoll an, erhielt neue Nahrung etwa durch die Habsburger-Nostalgie, bester Nährboden auch für die „Sissi"-

Prunkräume im Schloss Schönbrunn: Das gemeinsame Schlafzimmer wurde 1854 anlässlich der Vermählung von Franz Joseph I. mit Elisabeth („Sisi") ausgestattet (oben).
In der Großen Galerie lobpreisen seit dem 18. Jahrhundert Fresken die weise Herrschaft der Landesmutter Maria Theresia (unten).

Blick über den 1780 geschaffenen Neptunbrunnen auf das Sommernachtskonzert der Wiener Philharmoniker vor der Parkfront des Schlosses Schönbrunn (oben), das dem Gloriette-Hügel zu Füßen liegt (unten).

Seit 1775 krönt die Gloriette den Schönbrunner Schlosspark. Sie diente Kaiser Franz Joseph I. oft als Sommerspeisezimmer und ist heute ein Café mit bester Aussicht auf den Park und das Schloss.

Das Blumenparterre des Schönbrunner Schlossparks dekorieren mythologische Marmorskulpturen.

Nicht nur zur Blütezeit, vor allem an nebligen Wintertagen ist das Palmenhaus eine gute Adresse für die Aufhellung der Stimmung.

Auch der barocke Kaiserpavillon im Zentrum des Tiergartens war einst des Kaisers Frühstückssalon. Heute ist er ein Restaurant für alle.

Die perfekt getrimmten Bäume und Hecken der Parkalleen eröffnen immer neue Perspektiven auf das „Schönbrunnergelb".

Special

Tiergarten Schönbrunn

Wo sich Pandas wohlfühlen

Manchmal wird die barocke Beschaulichkeit durch Löwengebrüll oder Elefantentrompeten gestört – den Serengeti-Soundtrack steuern die Bewohner des Tiergartens Schönbrunn südwestlich des Schlosses bei. Mit seiner Gründung 1752 ist er der älteste noch bestehende der Welt – und er gilt als einer der vorbildlichen, was Tierhaltung und Artenschutzprogramme angeht. Publikumslieblinge sind auch in Wien die Pandas, die mit ihrer gemütlichen Art bestens zur Stadt passen und sich hier – wie regelmäßiger Nachwuchs belegt – einfach „pandawohlfühlen". Die tapsige Art der Pandas und ihre ausführlichen Bambusmahlzeiten in unnachahmlich eleganter „Tischmanier" gehören zu den eindrücklichsten Erlebnissen eines Zoo-Besuchs. Spektakuläre Zuchterfolge gelingen auch im Wüstenhaus, wo die Nacktmulle leben. Durch ein 70 Meter langes Glasröhrenlabyrinth sind diese beinahe blinden, haarlosen und runzligen Nager, die in Ostafrika heimisch sind, hervorragend zu beobachten. Gut geht es auch Erdmännchen, Giraffen, Robben und all den anderen tierischen Bewohnern des Tiergartens Schönbrunn. Nicht von ungefähr staubt der in den letzten Jahrzehnten von Grund auf erneuerte Tiergarten regelmäßig den „Best European Zoo Award" ab.

Filme mit Romy Schneider. Schloss Schönbrunn avancierte mit knapp vier Millionen Besuchern zu Österreichs Touristenmagnet Nummer eins. Bis zu 11 000 Menschen schieben sich an manchen Tagen durch die ehemaligen kaiserlichen Wohn- und Audienzgemächer.

FRÜHSTÜCKEN WIE DER KAISER

Mehr Platz bietet der Schlosspark, eine der bedeutendsten barocken Gartenanlagen der Welt. Dem Großen Parterre vor dem Palast entlocken die Schönbrunner Gartenkünstler im Frühjahr rauschende Festspiele. Rote, weiße und gelbe Blumen zeichnen zu Tausenden barocke Muster ins Grün. Jogger ziehen ihre Runden durch die gekiesten Alleen mit akkurat getrimmten Hecken. Vom Neptunbrunnen windet sich ein Zickzack-Weg zur Gloriette auf dem Schönbrunner Schlossberg, wo sich Kaiser Franz Joseph gern ein Frühstück gönnte. Am Wochenende wird in dem frühklassizistischen Bau das „Sisi Buffet" kredenzt – der Guglhupf mit kandierten Veilchen ist ein besonderes Schmankerl. Oder vielleicht ein Kaffee à la Maria Theresia? Sie nahm ihren Mocca gerne mit Orangenlikör.

WANDERN MIT WIEN- UND WEINBLICKEN

Wien ist eine panoramaträchtige Stadt und besonders am Übergang zum Wienerwald im Nordwesten mit Aussichtslogen

Über den Wiener Stadtwanderweg 1 heißt es, der Aufstieg durch Weinberge und die bewaldete Höhe werde mit einem herrlichen Blick über Wien und die Donau belohnt.

Grinzings Buschenschank Obermann: Stolz präsentiert Martin Obermann seinen Weißwein. Eine gute Wahl wäre sein Bio-Veltliner.

Das „Skyline Restaurant Kahlenberg" ist eine Aussichtsterrasse erster Güte.

Mit neuer Bestimmung und immer noch weitem Blick: Riesenradgondel aus dem Prater beim Nussdorfer Heurigen Sirbu

Zum Heurigen gehört Schrammelmusik – auch im Weingut Mayer am Grinzinger Pfarrplatz.

nur so gespickt. Auf dem Stadtwanderweg vom Leopoldsberg über den Kahlenberg bis zum Cobenzl lassen sich die unterschiedlichsten Wienpanoramen entdecken. Am linken Bildrand strömt die Donau in das Wiener Becken. Am rechten Ufer schickt sie einen Ausläufer in den Donaukanal, in die Häuserschluchten. Eine letzte Landmarke, die Hochhäuser der Donau City, wird passiert, dann strebt das silbern glitzernde Band dem Horizont entgegen. Im Vordergrund schweifen die Augen über Weinberge, in Zopfmustern fallen die Rebstöcke hinab in Vororte, deren Name Weinkenner mit der Zunge schnalzen lässt: Sievering, Nussdorf, Grinzing ... Bleibt nur zu entscheiden, in welche der schönen Buschenschenken man einkehren soll.

NEUE WEGE IM WEINBAU

Als einzige Großstadt der Welt verfügt Wien über einen ökonomisch bedeutsamen Weinbau. Eine neue Generation von Winzern hat um die Jahrtausendwende damit begonnen, die lange Zeit die hauptsächlich als Heurigen ausgeschenkten Weine zu unverwechselbaren Tropfen zu veredeln.

Eine weitere Facette der Wiener Weinkultur: Rund 25 Prozent der Flächen werden biologisch bewirtschaftet, das ist europaweit ein Spitzenwert. Zu den Biopionieren gehört Martin Obermann, der am Rande des Heurigenorts Grinzing ein kleines Weingut mit Buschenschank betreibt. Hier präsentiert sich das Heurigenerlebnis unverfälscht. Der Föhrenbuschen über dem Hoftor zeigt an, dass „ausg'steckt" ist, das Lokal geöffnet hat. Oleanderbüsche rahmen den Gastgarten ein, ein Nussbaum spendet Schatten. Der hiesige Bio-Veltliner mundete bereits königlichem Gaumen – nicht schlecht staunte der Winzer, als sich der grün angehauchte britische Prinz Charles, mittlerweile König Charles III., bei ihm in die Grundlagen des biologischen Wiener Weinanbaus einweihen ließ.

»HAST DU VOM KAHLENBERG DIR RINGS DAS LAND BESEHN, SO WIRST DU, WAS ICH SCHRIEB UND WAS ICH BIN, VERSTEHN.« Franz Grillparzer

DER TOD, DAS MUSS EIN WIENER SEIN ...

Den Wienern wird ein Hang zum Morbiden nachgesagt. Das Liebäugeln mit dem eigenen Tod gehört zu dieser Lebenshaltung ebenso wie einst die Bewunderung für eine „scheene Leich", ein pompöses Begräbnis mit großer Trauergemeinde. Reichlich Anschauungsunterricht bietet diesbezüglich der Zentralfriedhof im Bezirk Simmering. Mit dem Zentrum ist die Totenstadt durch die Straßenbahnlinie 71 verbunden. Wenn man über einen Wiener zu hören bekommt: „Der hat den 71er g'nommen", so ist er hier unter der Erde zu finden. Jugendstilbauten, das skurrile Bestattungsmuseum und das Denkmal für jene Menschen, die ihre Körper nach ihrem Ableben der Wissenschaft zur Verfügung gestellt haben, gibt es auf dem Spaziergang durch die Alleen zu entdecken. Es sind jedoch vor allem die Ehrengräber Wiener Künstler und Publikumslieblinge, die viele Besucher nach Simmering locken. Falco liegt hier ebenso begraben wie Udo Jürgens, dessen unweit von Größen wie Beethoven, Schubert und Brahms gelegenes Grab ein Klavier aus weißem Marmor schmückt.

Gentrifizierung

BALKAN, BOBOS, BOSPORUS

Das Viertel um den Yppenplatz im Gemeindebezirk Ottakring zählt zu Wiens neuen Trendgegenden – auch unter Wohnungsuchenden. Alteingesessene warnen vor Gentrifizierung.

Brunnenmarkt mit dem Stand von Ulrich und Saly Wolfger: Hier lässt sich der Geschmackshorizont wunderbar erweitern.

Rund um den Yppenplatz im 16. Wiener Gemeindebezirk Ottakring zeigt sich Wien von seiner buntesten Seite. Der türkisch geprägte Brunnenmarkt bildet die Lebensader des Viertels; die schillernde Lokalszene am Yppenplatz, wo der Straßenmarkt endet, zieht kreatives, urbanes und auch gut verdienendes Volk an. Einen Block weiter verläuft die Ottakringer Straße, eine beliebte Ausgehmeile der Wiener Jugend mit Wurzeln auf dem Balkan.

Dass sich Menschen verschiedener Kulturen und unterschiedlichster sozialer Herkunft in dem Viertel wohlfühlen, wenn auch vielleicht nur unter ihresgleichen, ist eine der schönsten Seiten der Gegend. Es ist die steigende Popularität als Wohngebiet, die Alteingesessene mit einer großen Portion Skepsis betrachten. Das Schreckgespenst „Gentrifizierung" geht um, die Angst, dass „Gstopfte", also Besserverdiener mit Wohnambitionen, im Brunnenviertel einen Immobilienboom anheizen und eine Verdrängung in Gang kommt.

Tatsache ist: Ottakring, einst ein Arbeiter-, mittlerweile mehr ein Multikulti-Bezirk, liegt bei Miet- und Kaufanfragen schwer im Trend. Zu tun hat dies aber auch mit dem raschen Wachstum Wiens. Rund 1,9 Millionen Menschen leben in der österreichischen Bundeshauptstadt, um das Jahr 2028 wird die Bevölkerungszahl die Zwei-Millionen-Marke überschreiten. Doch die Wohnraumschaffung in der Stadt hinkt der Nachfrage schon lange hinterher. Zwischen der Ringstraße, die den ersten Bezirk umschließt, und dem Gürtel, der sich wie ein zweiter Ring um die inneren Bezirke legt, wollen viele Wiener wohnen. Der innerstädtische Wohnraum ist aber erstens rar und zweitens selbst für junge Besserverdienende schon heute kaum noch zu bezahlen.

So geraten auch außerhalb des Gürtels Adressen mit Hip- und Charmefaktor ins Blickfeld – etwa die eingangs erwähnten Straßenzüge rund um Brunnenmarkt und Yppenplatz. Kräne und Baugerüste künden von reger Aktivität. Hier wird ein Gründerzeithaus saniert und bekommt ein Dachgeschoss aufgesetzt, das guten Gewinn abwirft. Dort klafft eine Baulücke – wo neu gebaut wird, hat Wiens Mietpreisbremse für Altbauten bald keine Gültigkeit mehr. Die Immobilienpreise ziehen an. Wer neu in diese Gegend will, der findet anders als noch vor wenigen Jahren keine Schnäppchen mehr.

Brunnengasse und Yppenplatz: Auf dem Brunnenmarkt ist Platz für alles, für verführerisch leuchtendes Obst und Gemüse bis hin zu bunter Kleidung.

DER STREIT IST PROGRAMMIERT

In der Bewertung scheiden sich die Geister. Die einen sprechen von natürlichen Aufwertungsprozessen, die der alten Wohnsubstanz bessere Seiten entlockt. Für die anderen ist die Gentrifizierung, wie sie am Karmelitermarkt in der Leopoldstadt oder in Neubau zu beobachten ist, längst Realität. Beide gelten als „Bobostan" – als Viertel, in dem zugezogene „bourgeoise Bohemiens" den Lebensstil verändern und die Preise angehoben haben. Doch sind Zustände wie in London oder New York, in denen das Diktat des „freien" Wohnungsmarkts zur Verdrängung sozial Schwacher führt, in Wien kaum vorstellbar. Denn neben gedeckelten Altbaumieten gibt es auch 220000 Wohnungen im Besitz der Stadt, die Druck aus dem Markt nehmen.

Wohin die Reise geht? Ansichtssache. Doch jeder, der über den Brunnenmarkt schlendert oder samstagabends über die „Balkanmeile" Ottakringer Straße, sieht: Diese Gegend ist längst nicht so glatt poliert wie die jenseits des Gürtels im hippen Bezirk Neubau. Sie hat mehr vom herben Charme des nahen Gürtels, der schon seit eh und je eine Grenze zwischen schick und weniger schick darstellt.

Informationen

Zu erreichen mit der U6 Thaliastraße oder Josefstädter Straße sowie den Straßenbahnlinien 2, 5, 44 und 46.

DEUTSCH-WAGRAM
Maßstab 1:200.000
FLORIDSDORF
DONAUFELD
DÖBLING
HERNALS
DONAUSTADT
WIEN
GROSS-ENZERSDORF
Leopoldsdorf im Marchfelde
PENZING
HIETZING
SIMMERING
FAVORITEN
LIESING
Perchtoldsdorf
Vösendorf
SCHWECHAT
Brunn
Oberlisse
Aderklaa
Parbasdorf
Markgrafneusiedl
Glinzendorf
Raasdorf
Andlersdorf
Mannsdorf an der Donau
Zwölfaxing
Flughafen Wien (Schwechat)
Laab im Walde
Kalksburg

15. Johnstr.
RUDOLFSHEIM-
FÜNFHAUS
6. MARIAHILF
Penzing
Schloss Schönbrunn
Schlosspark
12. MEIDLING
Meidling
Philadelphiabr.
Schedifka-pl.
Meidl. Hauptstr.
Längenfeldg.
Margareten-Gürtel
Gumpend. Str.
Westbf.
Schweglerstr.
Hütteldorfer Str.
Hietzing
Schönbrunn
Tiergarten
Botanischer Garten
Tivoli
Fasangarten
Maßstab 1:21.500
1=Schroederweg
2=Krügerweg
3=Ludwig-Martinelli-Gasse
4=Gottslebengasse
5=Betty-Roose-Weg
6=Arnsburggasse
7=Pechegasse
8=Meixnerweg
9=Lucasweg
10=Wildauergasse
11=Pinaglgasse
12=Rottmayrgasse
13=Hanauskagasse
14=Morathgasse
10.

ERKUNDUNGEN AM STADTRAND

Mindestens einen halben Tag sollten sich Wien-Besucher für Schloss Schönbrunn reservieren, das seit 1996 auf der Liste der UNESCO-Welterbestätten steht. Auch die Heurigen und Aussichtslogen an den Abhängen des Wienerwalds verdienen einen Abstecher.

1 Kahlenberg

Der **Kahlenberg** **TOPZIEL** ist eine der schönsten Aussichtslogen der Stadt. Zum Blickfang macht die Erhebung im Norden Wiens ein 165 m hoher Sendemast in Rot-Weiß-Rot (Bus Linie 38A ab Wien-Heiligenstadt).

SEHENSWERT
Die barocke **Josefskirche** (1734) ruft einen Schlüsselmoment der Stadtgeschichte in Erinnerung. Im Sept. 1683 sprengte das Heer des Polenkönigs Jan III. Sobieski vom Kahlenberg aus die Linien der Osmanen und beendete so die zweite Türkenbelagerung Wiens. Zeichnungen, Bilder und Gedenktafeln erinnern an die historische Schlacht. Den herrlichen Blick über die Weinberge auf Wien kann man von einer Aussichtsterrasse, von Cafés oder im **€€ Skyline Restaurant** genießen (www.kahlenberg.wien; Do.–So. ab 11.00 Uhr). Ein Abstecher führt zum höchsten Punkt (484 m) des Kahlenbergs mit dem Aussichtsturm Stefaniewarte.

AKTIVITÄTEN
Unterhalb der Kahlenberg-Aussichtsterrasse windet sich ein Spazierweg hinab nach **Nussdorf.** Einige der schönsten Heurigen der Stadt – u. a. Sirbu und Wieninger (www.sirbu.at, http://www.wieninger-am-nussberg.at) – locken zu einem Abstecher in die **Weinberge.** Für ein Picknick ist die Himmelwiese eine hervorragende Wahl – mit Bioweinen aus den Rieden nebenan (www.himmel.at).

2 Heiligenstadt

Stolze Gemeindebauten aus der Ära des „Roten Wien", feudale Villen und die Grinzinger Heurigenkultur – all das bringt der nördliche Gemeindebezirk Döbling unter einen Hut. Ausgangspunkt ist die U-Bahn- und Schnellbahnstation Heiligenstadt (U4 Heiligenstadt, Schnellbahn S40 und S45, Straßenbahn D, Busse 10A, 11A, 38A und 39A).

SEHENSWERT
Gegenüber dem Stationsausgang erstreckt sich der monumentale **Karl-Marx-Hof,** mit 1100 m Länge ein Leuchtturm des „Roten Wien" der Zwischenkriegszeit. Der Gemeindebau bot ab 1933 rund 5000 Menschen aus Wiens riesiger Arbeiterschaft eine komfortable Unterkunft. Wie in einer Stadt in der Stadt

Karl-Marx-Hof in Heiligenstadt (oben). Im Waldseilpark Kahlenberg (rechts oben). Blick auf Kahlenbergerdorf an der Donau (rechts unten).

fanden sich in dem „Superblock" alle Einrichtungen von Kindergarten bis Wäscherei. Die Wohnanlage war ein Brennpunkt im Bürgerkrieg 1934 zwischen den Austrofaschisten und den linken Schutzbündlern.

MUSEEN
„Das Rote Wien im Waschsalon Karl-Marx-Hof" – unter diesem etwas sperrigen Titel liefert ein

Tipp

Tarzan in Wien

Am Waldweg zum westlich gelegenen Leopoldsberg ist man auf kleine und große Abenteurer eingerichtet. Kreuz und quer ziehen sich Seilbrücken, Seilrutschen und wackelige Netze des Kahlenberger Waldseilparks durch das Gehölz – Tarzan hätte seine Freude.

INFORMATION
Waldseilpark Kahlenberg, Josefsdorf 47, https://waldseilpark.erlebniswelt-kahlenberg.at/; Juni–Sept. 10.00 bis 18.30/20.00 Uhr, sonst kürzer bzw. geschl.

Museum **(Waschsalon Nr. 2, Karl-Marx-Hof)** den Hintergrund zu dem groß angelegten gesellschaftlichen Experiment in den 1920er- und 1930er-Jahren. 1919 eroberten die Sozialdemokraten die Macht in der Stadt. Bürgermeister richteten Gesundheits-, Bildungs- und Wohnungspolitik nach den Bedürfnissen der proletarischen Bevölkerung aus. Rund 64 000 Wohnungen wurden damals quasi aus dem Boden gestampft. Jedes Wiener Kind bekam ein Gratis-Wäschepaket für den Start ins Leben, und 1931 richtete das stolze Wien sogar die „Arbeiterolympiade" aus (Halteraugasse 7, www.dasrotewien-waschsalon.at; Do. 13.00–18.00, So. 12.00 bis 16.00 Uhr).
Ludwig van Beethoven (1770–1827) zog es nach Heiligenstadt, weil er sich im dortigen Heilbad Heilung von seiner allmählichen Taubheit erhoffte. In seiner Wohnung dokumentiert das Wien Museum Leben und Werke des Komponisten aus Bonn (Probusgasse 6, www.wienmuseum.at; Di.–So. 10.00–13.00 und 14.00 bis 17.00 Uhr, Bus 38A Station Armbrustergasse).

UMGEBUNG
Darf's noch ein Glaserl sein? Das weiter stadtauswärts gelegene **Grinzing** ist mit seinen Heurigenlokalen ein touristisches Aushängeschild Wiens. Das Ensemble aus alten Winzergebäuden und mondänen Villen lohnt trotz vieler Autos in den Gassen eine Erkundung zu

Fuß. Ausgangspunkt ist die Haltestelle Grinzing (Bus 38A, Straßenbahn 38). Das Angebot an Heurigenlokalen ist groß – wer einen unverfälschten Buschenschank sucht, wird hinter der Feuerwache Grinzing im **€ Bioweinbau Obermann** fündig (Cobenzlgasse 192, www.weinbauobermann.at; Mo.–Di. & Do.–Fr. ab 16.00, Sa., So. ab 13.00 Uhr, Winter: Do.–So.).

3 Yppenplatz

Rund um den Yppenplatz im Bezirk Ottakring präsentiert sich Wien von der Multikulti-Seite. Zum südländischen Flair gesellt sich eine Lokalszene, die für jeden Geschmack etwas bietet.

SEHENSWERT

Türkische Gemüsehändler, afrikanische Fleischer und österreichische Marmeladenhersteller bringen auf dem größten Straßenmarkt Österreichs ihre Waren unters Volk. Am Samstag legt das Geschehen auf dem **Brunnenmarkt** noch etwas zu, wenn rund um die Marktpavillons am Yppenplatz bäuerliche Direktvermarkter und Biobetriebe Brote, Blumen, Fische und weitere Spezialitäten aufschichten (Brunnengasse zwischen Thaliastraße und Yppenplatz; Mo.–Sa. ab 8.00 Uhr, U6 Josefstädter Straße, Straßenbahn 46 Brunnengasse, 44 Yppengasse).

RESTAURANTS

Die Gastronomieszene am Yppenplatz zählt zu den aufregendsten der Stadt – fast jeden Monat eröffnet ein neues Lokal. Immer gut für ein Frühstück oder eine Kaffeepause: das **€ Café AnDo** mit großem Outdoor-Bereich und überdachter Terrasse. Von der Dachterrasse des **€ Wirr** haben Gäste das bunte Markttreiben

Prunkkutsche in der Kaiserlichen Wagenburg (links). Auf dem Zentralfriedhof (rechts oben). Stadtseite von Schönbrunn (rechts unten).

gut im Blick. Für seine italienische Küche ist das **€€ Restaurant Wetter** bekannt.

AUSGEHEN

Einige Querstraßen östl. wogt am Gürtel, Wiens wichtigster Nord-Süd-Verkehrsader, rund um die Uhr der Verkehr. Die in den Bögen der ehemaligen Stadtbahn zwischen Thaliastraße und Ottakringer Straße angesiedelten Clubs **Chelsea, Rhiz** und **B72** ziehen Nachtschwärmer an. Wiener Platzhirsch in Sachen Bier ist die etwas stadtauswärts gelegene **Ottakringer Brauerei** – hier wird u. a. das „16er Blech" erzeugt, Bier aus dem 16. Bezirk in der Alu-Dose (Johann Nepomuk Berger-Platz, www.ottakringer brauerei.at; Straßenbahnen 2, 9, 44 und 46).

4 Zentralfriedhof

Der 1874 eröffnete **Wiener Zentralfriedhof** gehört mit 330 000 Grabstellen zu den größten Friedhofsanlagen Europas und ist eine Sehenswürdigkeit. Bester Ausgangspunkt für einen Rundgang ist Tor 2 – von hier führt eine Allee zur Jugendstil-Friedhofskirche von 1911 (Simmeringer Hauptstraße 234, www.friedhoefe wien.at; tgl. ab 7.00/8.00 Uhr, Fiakerfahrten ab 10.00 Uhr, Straßenbahn 71 ab Ringstraße), eine Konditorei und Nachtführungen gibt es auch (www.gabitours.at). Sparsarg, Herzstichmesser und weitere Kuriosa zeigt das **Bestattungsmuseum** (www.bestattungsmuseum.at; Mi.–Fr. 10.00–16.00 Uhr, 1. Sa. im Monat Führungen um 10.00 und 13.00 Uhr n.V.).

5 Schönbrunn

Unter Maria Theresia (reg. 1740–1780) erlebte **Schloss Schönbrunn** TOPZIEL seine erste, unter Franz Joseph I. (reg. 1848–1916) seine letzte Blüte. Das Ensemble mit mehr als 1400 Räumen war ursprünglich die Sommerresidenz der Habsburger. Ab Ende des 19. Jh. wohnte Franz Joseph I. dann dauerhaft in Schönbrunn. Mit Online-Ticket ist man schneller im Geschehen (Schönbrunner Schlossstraße, www.schoen brunn.at und www.imperial-tickets.com; tgl. 8.30–17.00, Sommer bis 18.00 Uhr, U4 Schönbrunn, Straßenbahnen 10 und 60, Bus 10A).

SEHENSWERT

Knapp hundert Jahre nach Erwerb durch die Habsburger entstand auf dem Areal 1642 ein erstes **Lustschloss.** Unter Maria Theresia erfolgte ab 1743 die Umgestaltung zu einer der eindrucksvollsten Barockanlagen Europas. Einen guten Überblick verschafft die **Grand Tour** (1 Std.) durch 40 der bedeutendsten Räume; die Zimmerfluchten aus Maria Theresias Zeit prägen opulente Fresken, verschnörkelte Stuckdecken, venezianische Spiegel und luxuriöse Möbel im Rokoko-Stil (Audioguide empfehlenswert).

Auf der Südseite des Schlosses erweitert der streng symmetrische **Schlosspark** (fertiggestellt um 1780) den kaiserlichen Herrschaftsraum in die Natur hinaus. Alleen mit perfekt getrimmten Bäumen und Hecken geleiten die Spaziergänger zu immer neuen Perspektiven auf den Palast. Die im „Schönbrunnergelb" gehaltenen Fassaden spiegeln sich auch im Wasser kunstvoller Brunnenanlagen. Statuen, Denkmäler und eine künstliche Ruine stellen Bezüge zur Antike her (tgl. ab 6.30 bis max. 21.00 Uhr im Sommer, Hunde nicht erlaubt).

Für Sonderattraktionen wie den kunstvoll bepflanzten Kronprinzengarten, den Irrgarten und den Orangeriegarten (jeweils Mitte März–Anf. Nov.) ist Eintritt zu entrichten. Wem die Füße wehtun, kann sich im Fiaker durch den 1,6 km² großen Schlosspark kutschieren lassen (Standplatz vor dem Schloss).

Höchster Punkt der Anlage ist die **Gloriette,** eine 1775 erbaute Säulenhalle mit verglastem Mittelteil. Zu Melange und Mehlspeise kann man das Panorama auf die Habsburger-Residenz und den Westen Wiens genießen bzw. von der Aussichtsterrasse (kostenpflichtig) sogar noch verfeinern (**€€ Cafe Gloriette**, www.gloriette-cafe.at; tgl. ab 9.00 Uhr).

Westl. des Schlosses präsentiert die **Kaiserliche Wagenburg** den Fuhrpark der Habsburger. Der „Sisi-Pfad" zeichnet den Lebensweg der prominenten Schönbrunnbewohnerin Kaiserin Elisabeth nach (www.kaiserliche-wagenburg.at; Mitte März–Nov. tgl. 9.00–17.00, Dez.–Mitte März tgl. 10.00–16.00 Uhr).

Tipp

Wienerwald und Steirerküche

Mit seinem Mosaik an Wiesen und Wäldchen bietet der Pötzleinsdorfer Schlosspark einen bezaubernden Einstieg in den Wienerwald. Ein Tempel im griechischen Stil und exotische Gewächse erinnern an die Frühzeit des im 19. Jh. englisch gestalteten Landschaftsparks. Abenteuerspielplatz und Tiergehege machen den „Pötzi-Park" für die Kleinen attraktiv. Am Ende der Wanderung werden im Steirerstöckl Spezialitäten wie Waldschweinbraten in Kürbiskernpanier aufgetischt.

INFORMATION

Park tgl. ab 7.00/8.00 Uhr
Wirtshaus Steirerstöckl, Pötzleinsdorferstraße 127, www.steirerstoeckl.at; Mi.–So. 11.30–23.30 Uhr, Straßenbahn 41 Endstation

TIERGARTEN SCHÖNBRUNN
Der Tiergarten Schönbrunn bietet seinen Bewohnern viel Platz und gute Lebensbedingungen – wovon auch Serienauszeichnungen als bester Zoo Europas künden. Am Tiroler Hof sind vom Aussterben bedrohte Haustierrassen untergekommen (www.zoovienna.at; tgl. ab 9.00 Uhr, auch Sonderführungen, U4 Hietzing und Hietzinger Tor).
Die Stahl-Glas-Konstruktion des **Palmenhauses** beherbergt in drei Klimazonen mediterrane, tropische und subtropische Pflanzen und war 1882 das größte seiner Art auf dem Kontinent (tgl. ab 10.00 Uhr). Gegenüber entführt das **Wüstenhaus** in die trockensten Zonen des Planeten; in seinen Terrarien tummeln sich Klapperschlangen und Wüstenspringmäuse.

VERANSTALTUNGEN
Reinste Poesie verströmen die Aufführungen des **Marionettentheaters** im Hofratstrakt. Mehrmals die Woche wird – bei sommerlichem Schönwetter auf der Open-Air-Bühne – Mozarts „Die Zauberflöte" gegeben, auch in einer Kinderversion. Historische Musikaufnahmen begleiten den Tanz der Puppen (www.marionettentheater.at). In der Orangerie bringt das **Schloss Schönbrunn Orchester** allabendlich Werke von Mozart und Strauss zur Aufführung (300 m links vom Haupteingang des Schlosses; Beginn 20.30 Uhr). Zum **Schönbrunner Sommernachtskonzert** der Wiener Philharmoniker Ende Mai strömen bis zu 100 000 Besucher bei freiem Eintritt in den Schlosspark.

UMGEBUNG
Wenn der Kaiser einmal mit der Bahn fuhr, dann in einem standesgemäß ausgestatteten Salonwagen. Einer davon ist im **Technischen Museum** ausgestellt, das nordöstlich von Schönbrunn die Geschichte des Industriezeitalters erzählt (Mariahilfer Straße 212, www.technischesmuseum.at; Mo.–Fr. 9.00 bis 18.00, Sa., So. und Fei. 10.00–18.00 Uhr, Straßenbahn 10, Bus 10A).

Tipp

Auf Tauchstation

Schmerzende Füße? Ausgepowert? Zwischen Sightseeing, Shopping und Szenelokal müssen auch mal Ruhepausen eingelegt werden – am besten in der schicken **Therme Wien**. Die Beckenlandschaften sind riesig, das Sauna-Angebot ist vom Feinsten – dazu gibt's Beauty-Angebote und Wellness-Treatments. Die U-Bahn fährt bis vor die Tür.

INFORMATION
Therme Wien, Kurbadstraße 14, 1100 Wien, www.thermewien.at, tgl. 9.00–22.00 Uhr; U1, Station Oberlaa/Therme Wien

KLEINE NACHTMUSIK IN GRÜN

Wer im Alltag Wert auf einen umweltbewussten Lebensstil legt, braucht beim Wien-Urlaub keine Abstriche zu machen. Das beginnt bei der Unterkunft: Das Boutique Hotel Stadthalle wurde von A bis Z als eine Herberge konzipiert, in der Mutter Natur die Regie führt. Durch die Nutzung von Erdwärme, Sonnenkraft und Regenwasser produziert die Ökoherberge im 15. Wiener Gemeindebezirk genau so viel Energie, wie sie verbraucht. Wassersparende Duschköpfe, LED-Leuchtmittel und ein smartes Abfallkonzept gehören zu den zahlreichen weiteren Features, die den Ressourcenverbrauch hier erheblich drosseln.

Sein grünes Profil brachte dem Haus eine Menge Umweltpreise ein. Doch was für den Gast genau so viel zählt, ist die Erholungsqualität. Den Dreh- und Angelpunkt bildet der herrlich ruhige, üppig begrünte Innenhof. Wilder Wein und Efeu ranken sich die Wände empor. Von den hofseitigen Zimmern aus fällt der Blick auf ein mit Lavendel bepflanztes Dach mit Bienenstöcken. Der Honig, den die fleißigen Untermieter produzieren, fließt gleich in das Biofrühstück mit ein.

Von der Terrasse der Junior-Suite hat man einen besonders schönen Ausblick.

Vom Brot bis zum Bergkäse, von den Konfitüren bis zu den Kaffeespezialitäten steht auch das übrige Kulinarikprogramm ganz im Zeichen von „Bio". Bei schönem Wetter wird das Frühstück natürlich im Garten serviert. Und wer vom Sightseeing ermattet nach Hause kommt, der kann in diesem bezaubernden Citydschungel herrlich entspannen. Mit der Straßenbahn vor der Tür und der U-Bahn in Gehweite ist Wiens „grünste" Unterkunft perfekt an das Stadtzentrum angebunden. Ein besonderes Ökoschmankerl: Gäste, die mit Zug oder Fahrrad anreisen, bekommen einen vergünstigten Zimmerpreis.

€€–€€€ Boutique Hotel Stadthalle, Hackengasse 20, A-1150 Wien, Tel. +43 1 982 42 72, www.hotelstadthalle.at; Tram 9 und 49 Beingasse, U3 Schweglerstraße, U3 und U6 Westbahnhof. 79 Zimmer im Stammhaus bzw. Passivhaus im Garten.

Wiens Umgebung

*

RAUS AUFS LAND!

*

Wer ein bisschen mehr Zeit hat oder schon öfter in Wien war, der kann mit Ausflügen in die Umgebung neue Facetten rund um die Millionenstadt kennenlernen. Kunst- und geschichtsträchtige Klöster, malerische Kurorte, der Nationalpark Donau-Auen und der Wienerwald – sie alle spielten und spielen eine wichtige Rolle für Wien.

Umgeben von ursprünglicher Natur: Kanutour in den Donau-Seitenarmen von Stopfenreuth

Blick vom Leopoldsberg auf Stift Klosterneuburg

»ICH HÄTTE MEIN LEBEN NICHT GEGLAUBT, DASS ICH SO FAUL SEIN KÖNNTE, WIE ICH ES HIER BIN.«

Ludwig van Beethoven über Baden

Ludwig van Beethoven plagten allerlei Zipperlein, und er suchte nach neuen Quellen der Inspiration. Das waren zwei Gründe, warum der Komponist im Sommer regelmäßig nach Baden bei Wien aufbrach. Der dritte Grund: Alles, was um 1800 Rang und Namen hatte, war schon dort. Kaiser Franz I. hatte das Städtchen gut 30 Kilometer südlich von Wien zu seinem sommerlichen Lebensmittelpunkt erkoren, weil er die dortigen Heilquellen schätzte. Dem Monarchen folgten Adelige und Adabeis, Intellektuelle und Industrielle, Kurschatten und Künstler. Sie verbanden das Angenehme mit dem Nützlichen, zwischen Walzerkonzerten und Weinwanderungen kam das süße Leben nicht zu kurz.

Auf das hatte es der Tonmeister nicht unbedingt abgesehen. Schlüsselpassagen der 9. Symphonie mit der berühmten „Ode an die Freude" flossen Beethoven 1823 in Baden aus der Feder, weswegen sich das 26 000 Einwohner zählende Städtchen auch mit dem Beinamen „Stadt der Europahymne" schmückt. Hier erinnert ein Denkmal, dort ein Tempel an den Komponisten. Auf einer Tafel am Beethoven-Spazierweg findet sich dieses Zitat: „Ist es doch, als ob jeder Baum zu mir spräche auf dem Lande, heilig, heilig, im Walde entzücken!"

Vielleicht konnte Beethoven die Eingebung ja nur in dieser Umgebung kommen? Die Lobeshymne auf Bruder Baum passt jedenfalls zum Zeitgeist der Romantik, als die Natur auf eine neue Weise wahrgenommen wurde. Von Franz Schubert heißt es, ihn habe ein Gasthausidyll mit Lindenbaum in Hinterbrühl zum Lied „Am Brunnen vor dem Tore" inspiriert. Malern wie Ferdinand Georg Waldmüller führten Weinberge und Wäldchen den Pinsel zum Biedermeieridyll – Anregungen, wohin man blickt.

BIEDERMEIERSTÄDTCHEN RELOADED

Ein Biedermeierzeitgenosse würde sich zwischen Badener Stadttheater und Kurpark, Rosengarten und dem romantischen Wegerl ins Helenental noch leicht zurechtfinden. Doch Patina allein zieht nicht mehr, und so findet manches aus der goldenen Ära eine kongeniale Neuinterpretation – etwa in der Bäderkultur. Badeanstalten mit einzigartigem Retro-Charme, die sowohl Baden als auch das nahe Bad Vöslau auszeichnen, frequentieren Wiener auch heute noch gerne. Und hinter manch klassizistischer Fassade tut sich Unerwartetes auf – so ist etwa das einstige Frauenbad zur musealen Heimstätte für den modernen Malerfürsten Arnulf Rainer geworden.

Stift Heiligenkreuz: Den Inneren Stiftshof prägen Bauten aus der Romanik wie die Westfassade der Stiftskirche und aus dem Barock wie die Dreifaltigkeitssäule von 1739.

Seit dem Jahr 1616 bewahrt die Schatzkammer des Stifts Klosterneuburg den mit Gold, Emaille, Edelsteinen, Perlen, Samt und Hermelin besetzen Erzherzogshut. Nur zur Amtseinführung eines neuen Erzherzogs kam er als absolutes Herrschaftszeichen zum Einsatz.

Klosterneuburg: Im Inneren wandelte sich der ursprünglich mittelalterliche Charakter der Klosterkirche zu einem barocken Prachtbau des 17. und 18. Jahrhunderts.

Die Hermesvilla im Lainzer Tiergarten verdankt ihren Namen der Hermesstatue in ihrem Park. Die Villa war ein Refugium von Kaiserin „Sisi", um der höfischen Enge zu entgehen.

1926 kamen die ersten Badegäste in das heutige Bad Vöslauer Thermalbad. Der hiesige Kurbetrieb ist noch 100 Jahre älter.

Nationalpark Donau-Auen: Kanutour in den Donau-Seitenarmen von Stopfenreuth

Gumpoldskirchens Alte Weinpresse steht in Sichtweite der Pfarrkirche St. Michael, die seit dem 14. Jahrhundert den bekannten Weinort und sein früheres Deutschordensschloss überragt.

WENN MÖNCHE HITPARADEN STÜRMEN

Knapp 20 Jahre ist es her, da kannte die Musikwelt kaum ein anderes Thema als den Sensationserfolg der Zisterziensermönche von Heiligenkreuz. Aus dem 900 Jahre zurückreichenden geistlichen Zentrum des Wienerwalds kam eine Form von Spiritualität, die auch Menschen von heute ansprach: gregorianische Choräle. Mehr als eine Million Mal verkaufte sich ihr Erstling „Chant – Music for Paradise". Die Medien zogen bald wieder ab, aber die Zisterzienser nutzten den Schwung. Heute ist Heiligenkreuz wohl die einzige Abtei Westeuropas ohne Nachwuchssorgen – mehr als 100 Mönche umfasst die Gemeinschaft. „Höchststand seit der Türkenbelagerung 1683!", heißt es auf der Internetpräsentation. Zu einem lohnenden Ziel wird das Stift durch seine Kunstschätze. Wenn die Mönche dann in der Abteikirche ihre meditativen Chorgebete anstimmen, wird die Zeitreise zurück ins Mittelalter perfekt.

KULTUR- UND WEINSCHÄTZE

Der Welt zugewandt präsentiert sich auch Stift Klosterneuburg. Die Babenberger machten das Städtchen vor rund 900 Jahren zu ihrer Residenzstadt, und auch ihre Nachfolger auf Österreichs Herrscherthron, die Habsburger, hegten große Pläne für Klosterneuburg. Unter Kaiser Karl VI. begannen die Bauarbeiten für einen „österreichischen Escorial", um die Funktionen von Kloster und Herrscherpalast in sich zu vereinigen. Mit seinem Tod 1740 wurde das Vorhaben ad acta gelegt. Als Konstante über die Jahrhunderte sollten sich die im Jahr 1133 ins Land geholten Augustiner-Chorherren erweisen. Ihre sakralen und weltlichen Kunstschätze präsentieren sie spannender als so manches Wiener Museum. Mit ihrer Sammlung an moderner Kunst vollzogen sie einen Brückenschlag in die Gegenwart.

Wo sich Himmel und Erde begegnen – so der Werbeslogan des Klosters –, dort gedeiht seit jeher auch der Wein prächtig. Die Mönche bewirtschaften das älteste

Gumpoldskirchens Rebvergangenheit reicht bis weit ins Mittelalter zurück. Der Wein ist Anziehungspunkt nicht nur im Heurigen Reisenhofer in der Wiener Straße.

Weingut Österreichs und das erste, das als klimaneutral zertifiziert worden ist. In einem Keller mit Ursprung im 13. Jahrhundert ist ihre Vinothek eingerichtet – eine Verkostung der stiftseigenen Weiß- und Rotweine ist ein schöner Abschluss für einen Ausflug.

IM LAINZER TIERGARTEN

„Grüne Lunge Wiens", „Naturparadies", „Stadtwildnis" – mit solchen Attributen wird der Laubwaldgürtel belegt, der sich entlang der Westseite der Bundeshauptstadt erstreckt: der Wienerwald. Wanderwege ziehen sich kreuz und quer durch das stadtnahe Gebiet, das bequem mit den „Öffis" erreichbar ist. Seit 1919 steht der 25 Quadratkilometer große Lainzer Tiergarten im Westen der Stadt allen Wienern offen. Die 22 Kilometer lange Mauer um das einstige herrschaftliche Jagdrevier realisierte ein Mann namens Philipp Schlucker – da man glaubte, er würde zu dem angebotenen Preis bankrottgehen, verpassten ihm die Wiener den Beinamen „Armer Schlucker". Er hatte sich aber nicht verkalkuliert und wurde wohlhabend. Ruhewiesen, Abenteuer-Spielplätze, Naturlehrwege und Aussichtspunkte schaffen Abstand zum Stadtleben. Mit etwas Glück bekommt man auch einige der Wildschweine zu Gesicht, die im Tiergarten frei herumlaufen.

Special

Carnuntum

Wo Römersteine sprechen

Rund 45 Kilometer südöstlich vom heutigen Wien erstreckte sich in der Spätantike eine der größten Städte Mitteleuropas: Carnuntum. Ihre Aufgabe: als wichtigstes Glied am Donaulimes die römische Provinz Pannonien gegen die „Barbaren" im Norden zu schützen.

Das in den Wirren der Völkerwanderung aufgegebene Carnuntum mit zeitweise 6500 Legionären Besatzung und einer Zivilstadt mit 50 000 Einwohnern erlebte eine spektakuläre Wiederauferstehung. Die Überreste einer Gladiatorenschule, einer von vier bekannten im Römischen Reich, machten Archäologen mit Bodenradarmessungen im Erdreich ausfindig. Als Meisterwerk römischer Ingenieurskunst entpuppte sich eine seit 1900 Jahren funktionierende Wasserleitung. Ein Stadtviertel mit typischen Wohngebäuden und einer Therme lädt zum Flanieren. An den Veranstaltungstagen öffnet sich in Carnuntum ein Fenster zur römischen Vergangenheit Österreichs. Laiendarsteller schlüpfen in Rüstungen und stellen die Formationen nach, die Roms Legionen lange unüberwindbar machten. Es wird gebacken, geschmiedet und römische Mode präsentiert. Im Amphitheater liefern sich Gladiatoren Schaukämpfe. „Papa, kannst du mit zum Spielplatz kommen, ich fürchte mich vor den Germanen" – ein Satz aus dem Mund eines Dreijährigen zeigt, dass die Auftritte ihre Wirkung tun.

Aufmarsch der Legionäre vor der rekonstruierten Villa in der einstigen Zivilstadt (oben) und römischer Tanz beim Römerfestival in Carnuntum (unten links)

Das Museum Carnuntinum versteht sich als „Schatzhaus" der Römerstadt und präsentiert in wechselnden Ausstellungen seine Stücke.

Ungewöhnliche Touren

AUF SCHRÄGEN PFADEN DURCH WIEN

„Haben Sie Wien schon bei Nacht erlebt?“, fragte einst der Wiener Liedermacher Rainhard Fendrich und wollte damit sein Publikum zum Streifzug abseits von Riesenrad, Walzerklang und anderen zuckersüßen Wien-Klischees überreden. Tatsächlich findet man etwa im riesigen Angebot der Tourveranstalter noch viele unterhaltsame und verborgene Facetten der Donaumetropole.

1 So schön hässlich

Die hässlichen Seiten der Stadt Wien hat sich der Brite Eugene Quinn auf seiner witzigen „Vienna Ugly“-Tour zur Brust genommen. Auf seinem Spaziergang konzentriert er sich auf die Architektursünden in der Leopoldstadt und an der Ringstraße. Den Anfang der Tour machen mit den Flaktürmen im Augarten zwei unzerstörbare Kolosse aus dem Zweiten Weltkrieg. Weiter geht's zum Karmelitermarkt, der mit einem katastrophal gescheiterten Dachausbau und einem Haus mit einer rosa Kitschfassade gleich zwei „Highlights“ der unschönen Art aufzuweisen hat. Am Schubertring wird das „Ritz-Carlton“ einer Stilkritik unterzogen. Unterhaltsam: Die Besucher stimmen unterwegs ab, welche Gebäude sie für hässlich oder charaktervoll halten.

„Vienna Ugly“-Tour, https://whoosh.wien. Ca. einmal im Monat auf Englisch bzw. Deutsch (Termine für diese und weitere Touren, etwa die Geruchstour „Smells like WIEN Spirit“, auf der Webseite). Treffpunkt am Eingang zum Augarten, gegenüber Obere Augartenstraße 40, Dauer 1,5 Std.

2 Wien von ganz unten I

Im Wiener Kanalsystem spielt das große Finale des Streifens „Der Dritte Mann“ (1949), der die Nachkriegszeit in Schwarz-Weiß-Bildern und einer düsteren Story einfängt. Die Tour zu den Originalschauplätzen folgt den Spuren des skrupellosen Penicillinschiebers Harry Lime, der die Stadt unter der Stadt als Fluchtweg nutzt. Ausgestattet mit Helm und Stirnlampe geht es in den Wiener Untergrund. Über die Wand huscht das Konterfei des von Orson Welles gespielten Bösewichts, die hypnotische Titelmelodie erklingt. Aber keine Angst, es riecht nicht zu streng. Die Abwasserentsorgung Wiens hat seit römischen Zeiten große Fortschritte gemacht, erfährt man unterwegs. Perfekte Ergänzung ist ein Besuch im Burgkino, wo der Kultfilm mehrmals die Woche in seiner Originalfassung ausgestrahlt wird.

Dritte Mann-Tour, Tel. 01 40 00 30 33, www.drittemanntour.at; Mai bis Okt. Do.–So. 10.00–19.00 Uhr, jeweils zur vollen Stunde; Treffpunkt Karlsplatz-Girardipark (vis-à-vis Café Museum), Anmeldung empfehlenswert, Dauer 1 Std.; „The Third Man“ im Burgkino: Opernring 19, www.burgkino.at

3 Entschleunigt

Fixer Bestandteil auf dem Wiener Speisezettel waren einst Weinbergschnecken! Diese kulinarische Tradition hat Andreas Gugumuck auf seiner Slow-Food-Schneckenfarm am Stadtrand wiederbelebt. Ihre ressourcenschonende Aufzucht mache aus den Kriechtieren ein „Lebensmittel der Zukunft“, erfährt man auf einer faszinierenden und entschleunigten Führung über Schneckenfelder und -gärten. Zum Abschluss steht eine Verkostung auf dem Programm. Köstlich!

Gugumucks Schneckentour, Rosiwalgasse 44, Mai–Okt. Termine online unter gugumuck.com oder Tel. 0 67 63 65 36 43; Anfahrt U1 Alaudagasse, Buslinie 16A Station Rosiwalgasse. Dauer ca. 1,5 Std.

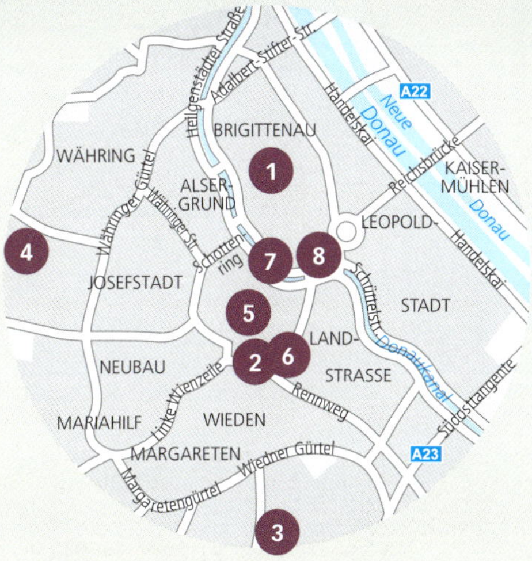

4 Wien von ganz unten II

Ferdinand rutschte durch Schicksalsschläge in die Obdachlosigkeit, es dauerte, bis er sich wieder aufrappelte. Heute ist er als Guide des Vereins Backstreet Guides aktiv. Schauplatz seines alternativen Stadt-Spaziergangs ist Ottakring. Ferdinand verwebt Fakten und Tipps mit Biografischem – ein Wien abseits des Üblichen. Kollegen Ferdinands stellen den Prater oder die Donauinsel vor, entführen in das wilde Wien der 1980er-Jahre.

Backstreet-Tour, https://backstreet-guides.at, Termine erfragen unter office@backstreet-guides.at bzw. Tel. +43 67 67 62 62 42. Dauer 1,5 Std.

5 Verruchtes Wien

Bei der „Josefine Mutzenbacher"-Tour hört man von einem Kaiser, der hochkant aus einem Bordell flog; erfährt, dass Giacomo Casanova Tierhaut-Kondome gegen die „Lustseuche" empfahl und dass erotische Fiaker-Fahrten unter der Bezeichnung „Porzellanfuhre" stattfanden. Ihren Namen hat die Tour von den fiktiven Memoiren einer Wiener Dirne. 1906 erschien das Werk anonym, als Verfasser gilt heute „Bambi"-Autor Felix Salten.

Wienführung, office@wienfuehrung.at; jeden Sa. 14.00 Uhr; Treffpunkt Michaelerplatz (bei den Ausgrabungen), geeignet ab 18 Jahren; Dauer 1,5 Std.

6 Die Hoteltour

Abgründiges und Amüsantes liefern Wiens Luxusherbergen auf der Hoteltour. Giuseppe Verdi, Konrad Adenauer und John Lennon haben ihre Auftritte – letzterer lud 1969 zu einer Nackt-Pressekonferenz ins Sacher – die Erwartungen erfüllten sich aber nicht. Michael Jackson schuf im Imperial seinen „Earth Song". Originell geht die Tour zu Ende: Das Orient soll man bitte diskret in Augenschein nehmen – größere Gruppen würden potenzielle Kunden des Stundenhotels vergraulen.

Wiener Spaziergänge, Austria Guide Patrizia Kindl, Tel. 0699 19 24 71 54 www.wienguide.at; Termine auf Anfrage, Treffpunkt Hotel Imperial, Kärntner Ring 16, Dauer 1,5 Std.

7 Servus Piefke

Die „Servus Piefke"-Tour nimmt die besondere Beziehung zwischen Österreichern und ihren deutschen Nachbarn aufs Korn. Mit der Sprache geht's los, in Wien wird nicht gemeckert, sondern geraunzt, und statt „dufte" wird „leiwand" gesagt. Das Geheimnis wird gelüftet, was der ominöse Herr Piefke den Ösis eigentlich angetan hat. Und erstaunlich, welche vermeintlichen Original-Österreicher in Deutschland geboren wurden …

Wiener Spaziergänge, Austria Guide Christa Bauer, Tel. 0664 583 94 66, www.wienguide.at; derzeit auf Anfrage, Mindestteilnehmer 3 Personen. Treffpunkt Hoher Markt (Vermählungsbrunnen), Dauer 2 Std.

8 Nationalpark per Boot

Von Mai bis Okt. verbindet das NationalparkBoot den Wiener Asphaltdschungel mit dem echten Dschungel in der Lobau. Auf dem Weg in den Wiener Teil des Nationalparks Donau-Auen informiert die Crew über die Tierwelt und die Geschichte des Schutzgebiets. Mit etwas Glück zeigt sich ein Reiher oder gar ein Biber am Ufer des Donaukanals. Und schließlich geht es vom idyllischen Lobauer Hafen in Begleitung eines Nationalparkrangers sogar ein Stück in den Urwald hinein.

Wiener NationalparkBoot, Tel. 01 400 04 94 95, www.wien.gv.at/umwelt/wald/erholung/nationalpark/freizeit/boot.html; Mai bis Ende Okt. Do.–So. 9.00 Uhr, Anlegestelle Donaukanal, bei der Salztorbrücke/Abgang Franz Josef-Kai, Dauer 4 Std.

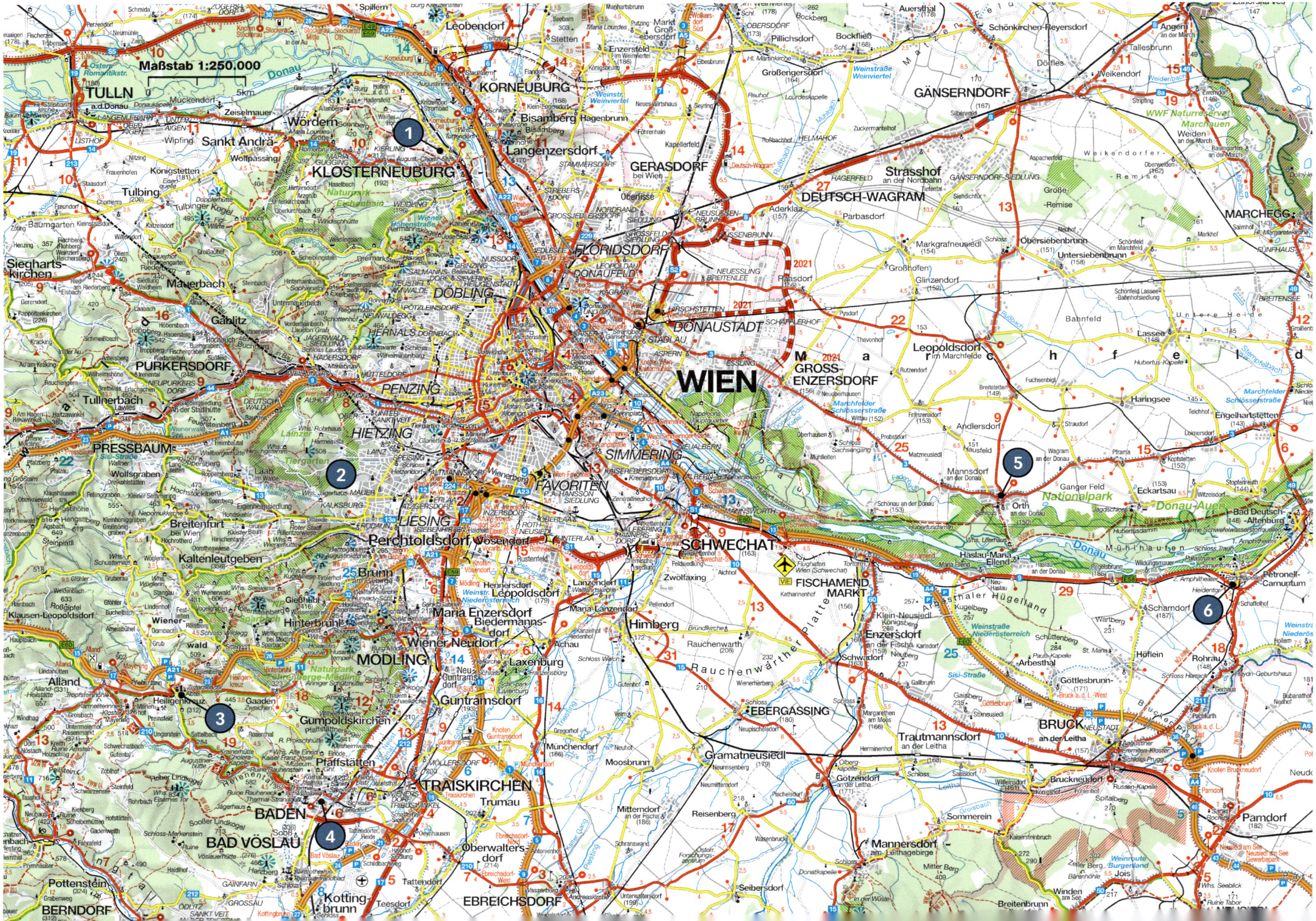

Maßstab 1:250.000
5km
WIEN
TULLN
KORNEUBURG
KLOSTERNEUBURG
Langenzersdorf
Bisamberg
GERASDORF
GÄNSERNDORF
DEUTSCH-WAGRAM
Strasshof
MARCHEGG
FLORIDSDORF
DONAUSTADT
DÖBLING
HIETZING
PENZING
FAVORITEN
SIMMERING
LIESING
Perchtoldsdorf
PURKERSDORF
PRESSBAUM
Tullnerbach
Gablitz
Mauerbach
Sieghartskirchen
SCHWECHAT
FISCHAMEND MARKT
GROSS-ENZERSDORF
Leopoldsdorf im Marchfelde
Orth an der Donau
Eckartsau
Nationalpark Donau-Auen
Bad Deutsch-Altenburg
Petronell-Carnuntum
BRUCK an der Leitha
Himberg
EBERGASSING
Gramatneusiedl
Trautmannsdorf an der Leitha
MÖDLING
Wiener Neudorf
Maria Enzersdorf
Brunn
Biedermannsdorf
Laxenburg
Guntramsdorf
Gumpoldskirchen
Pfaffstätten
TRAISKIRCHEN
Trumau
BADEN
BAD VÖSLAU
Kottingbrunn
Oberwaltersdorf
EBREICHSDORF
Mannersdorf am Leithagebirge
Heiligenkreuz
Gaaden
Alland
Kaltenleutgeben
Breitenfurt bei Wien
Hinterbrühl
Berndorf
Pottenstein
Pamdorf
Rohrau
Scharndorf
Donau
1
2
3
4
5
6

WIENERWALD, WEIN UND WOHLTUENDE WÄSSER

Wie hielten sich die Römer an der Donau warm? Wo fand Beethoven Inspiration für seine berühmte 9. Symphonie? Wodurch wurden die Mönche von Heiligenkreuz weltberühmt? Wen diese Fragen neugierig machen, der muss raus aus Wien: Vor den Toren der Stadt warten Kulturschätze und Naturerlebnisse auf entdeckungslustige Ausflügler.

1 Klosterneuburg

Schon von Weitem ziehen die Kuppeln von Stift Klosterneuburg die Blicke auf sich. Die Dachabschlüsse präsentieren einerseits die Reichskrone und andererseits den Österreichischen Erzherzogshut. 1114 legte der Babenberger Markgraf Leopold III. den Grundstein zur Stiftskirche, 1133 vertraute er das Kloster Augustiner-Chorherren an.

SEHENSWERT

Die Sammlungen des Stifts vereinen Kunstschätze vom Mittelalter bis in die Gegenwart. Bemerkenswert ist der Empfangsbereich zu den **Stiftssammlungen.** 1730 entschloss sich Kaiser Karl VI. in Klosterneuburg eine gigantische Klosterresidenz nach dem Vorbild des Madrider Escorial zu errichten. Als er zehn Jahre später starb, ließ das Stift, das die Kosten zu tragen hatte, die Arbeiten sofort einstellen. In der einstigen barocken Baustelle der Sala terrena mit teils noch unverputzten Ziegelmauern heißen die Augustiner-Chorherren heute die Besucher willkommen (www.stift-klosterneuburg.at; Mai–Mitte Nov. tgl. 9.00 bis 18.00, sonst tgl. 10.00–16.00 Uhr, Busse 400 und 142 ab Wien-Heiligenstadt).

Individuell (mit Audioguide) zu besichtigen ist der **Kaisertrakt,** der noch den Geist des Barock atmet – die Zimmerfluchten präsentieren sich als kleinere Version Schönbrunns. Elfenbeinschnitzereien, mittelalterliche Goldschmiedearbeiten und weitere Kostbarkeiten vereint die **Schatzkammer;** Prunkstück ist der mit Edelsteinen und Perlen besetzte Österreichische Erzherzogshut von 1616. Vertiefende Einblicke bieten Themenführungen. Die Sakraltour etwa erschließt die Leopoldskapelle, Grabstätte des Stiftsgründers, mit dem weltberühmten Altar des Nikolaus von Verdun (1181). Die **Stiftskirche** beeindruckt mit barocker Ausstattung, leuchtstarken Fresken und dem Kaiseroratorium Karls VI. Mit den Schätzen der stiftseigenen Weinproduktion befasst sich eine weitere Tour; nach der Führung besteht die Möglichkeit einer Weinverkostung in der Stiftsvinothek (Rathausplatz 24). Die 2024 eröffnete **Albertina Klosterneuburg** bespielt den schneeweißen Bau des einstigen Essl-Museums. Moderne Kunst nach 1945 steht im Fokus, ein Schwerpunkt liegt auf Skulpturen (An der Donau-Au 1, Mitte April–Okt., Do. bis So. 10.00–18.00 Uhr, www.albertina.at).

2 Lainzer Tiergarten

Ende der 1860er-Jahre verhinderten Wiener Naturliebhaber die weitgehende Abholzung des 1000 km² großen Wienerwaldes, der sich als Grüngürtel um den Westen und Süden von Wien legt. Eines der stadtnächsten Erholungsgebiete dort ist mit der U-Bahn zu erreichen: der Lainzer Tiergarten (U4 Hütteldorf, 10 Min. Fußweg zum Nikolaitor).

SEHENSWERT

Vom Nikolaitor in Wien-Auhof führen teils asphaltierte Gehwege in das Herz des 25 km² großen **Schutzgebietes,** das zu vier Fünfteln von Laubwald bedeckt ist. Waldspielplätze und Wiesen bieten Gelegenheit zum Austoben. Fahrräder sind – ebenso wie Autos – nicht erlaubt; auch Hunde müssen wegen der frei laufenden Wildschweine draußen bleiben (www.lainzer-tiergarten.at; Febr.–Okt. tgl. ab 8.00 Uhr, gesonderte Winteröffnungszeiten). Unweit vom **€ Ausflugsgasthaus Rohrhaus** (ca. 1 Std. Fußweg) bietet der „Wiener Ausblick" ein erstklassiges Panorama auf die Stadt.

MUSEUM

Die für Kaiserin Elisabeth bis 1886 erbaute **Hermesvilla** am östlichen Rand des Lainzer Tiergartens nutzt heute das Wien Museum für Ausstellungen. Interieur und Gegenstände des Kaiserpaars in den Schauräumen im ersten Stock vermitteln Wohnkultur an der Wende zum 20. Jh. (www.wienmuseum.at; April–Okt. Di.–So. und Fei. 10.00–17.00 Uhr, kürzester Zugang via Lainzer Tor, Straßenbahn 60 Hermesstraße, Bus 60B).

Im **€€ Café Restaurant Labstelle** (www.hermes-villa.at, Tel. 01 804 13 23; Di.–So. und Fei.) speist man gediegen unter Stuckdecken oder lässt sich einen Picknickkorb füllen.

Klosterneuburgs gotischer Albrechtsaltar (links). Lainzer Tiergarten: kleine Besucher (rechts oben) und Wien-Blick (rechts unten).

3 Heiligenkreuz

Heiligenkreuz ist weltweit das einzige Zisterzienserkloster, das seit seiner Gründung (1133) ohne Unterbrechung besteht. Seine Kunstschätze und die Sangeskunst der Mönche machen einen Besuch lohnend.

Tipp

Weinort wie aus dem Bilderbuch

Gumpoldskirchen, rund 6 km nordöstl. von Baden gelegen, ist der schönste Ort, um Weinspezialitäten wie den Rotgipfler und den Zierfandler zu verkosten. Nach einem Spaziergang durch die Weinberge und einem Blick auf das skurrile Hans-Moser-Denkmal – der Schauspieler setzte einst dem geliebten Gumpoldskirchner Wein in seinem „Reblaus"-Lied („i trink so gern a Flascherl Wein") ein Denkmal – hat man sich eine Einkehr verdient. Stimmungsvoll sitzt man etwa beim Heurigen Reisenhofer (Wienerstraße 20).

INFORMATION
Anfahrt aus Wien mit den Schnellbahnen S3 und S4

SEHENSWERT
Die ersten Zisterzienser nannten die Abtei „Paradisum" – die Architektur spiegelt diesen Grundgedanken wider: Die roten Marmorsäulen im romanisch-gotischen Kreuzgang stellen die Bäume des Paradieses dar, die im reichen Knospen- und Rankenwerk der Kapitelle enden. Die farbprächtigen Glasscheiben im hochgotischen Brunnenhaus zeigen Angehörige der Babenberger-Familie, die dem Aufstieg des Hauses Habsburg vorausging (www.stift-heiligenkreuz.org; Besichtigung mit Audioguide tgl. außer So. und Fei. 9.00–10.30 und 14.00–16.30 Uhr, Anfahrt Regionalbus 308 von Baden-Bahnhof oder Bus 265 von Mödling Bahnhof).

UMGEBUNG
Der 30. Januar 1889 ging als rabenschwarzer Tag in die Annalen der Donaumonarchie ein: In seinem Jagdschloss in **Mayerling** (3 km westl.) erschoss Österreich-Ungarns Thronfolger Rudolf seine 17-jährige Geliebte Mary Vetsera und danach sich selbst. Der Hof vertuschte und beschönigte das bis heute nicht im Detail geklärte Geschehen. Das Jagdschloss wurde zu einem Kloster umgebaut, wo immer noch Karmelitinnen für das Seelenheil Rudolfs beten; die Gedächtnisstätte des Karmel Mayerling dokumentiert die „Tragödie von Mayerling" (Mayerling 3, Alland, www.karmel-mayerling.org; April–Okt. Di.–So. 10.00–17.30 Uhr, sonst nur Sa., So. und Fei. 10.00–17.30 Uhr Anfahrt Regionalbus 306 von Baden-Bahnhof).

4 Baden

Mit seiner Wahl als Sommerresidenz beförderte der spätere Kaiser Franz I. um 1800 den Aufstieg Badens zum „Place to be" der Donaumonarchie. Noch heute verströmt der historische Kern des 26 000 Einw. zählenden Städtchens Biedermeierflair. Im Verbund mit zehn weiteren „Great Spas of Europe" gehört Baden seit 2021 zum Weltkulturerbe. Vom Zentrum Wiens (Wien-Oper) bis zum Josefsplatz in Baden benötigt die Badner Bahn eine gute Stunde.

SEHENSWERT
Am Hauptplatz mit seiner monumentalen Dreifaltigkeitssäule steht das klassizistische **Kaiserhaus** (18. Jh.), Sommerresidenz Kaiser Franz' I. von 1813 bis 1834; die Ausstellung setzt ihren Schwerpunkt auf das Haus Habsburg (Hauptplatz 17; Mai–Okt. Di.–So). An diese goldene Ära knüpft das **Stadttheater** (1775) an, das hinter klassizistischer Fassade ein modernes Innenleben verbirgt (www.buehnebaden.at; vorwiegend Operetten und Musicals).
Franz I. war ein Förderer der Gartenkünste. Kaum eine Ecke Badens ohne Blumenmeer: Höhepunkt ist das Rosarium im **Doblhoffpark** westl. des Zentrums mit über 30 000 Rosenstöcken aus mehr als 900 Sorten. Nördlich der Fußgängerzone geht der lauschige Kurpark (Kurkonzerte) in den Wienerwald über.

MUSEEN
Das **Arnulf-Rainer-Museum** ist im früheren Frauenbad (1821) untergebracht. Die Gemälde des 1929 in Baden geborenen Malerfürsten verleihen dem klassizistischen Ensemble Leben (Josefsplatz 5, www.arnulf-rainer-museum.at; Di.–So. 10.00–17.00 Uhr). Inspiration und Heilung suchte auch Ludwig van Beethoven in Baden; das **Beethovenhaus**, Domizil des Meisters in den Sommern 1821–1823, verbindet Einblicke in den Alltag des Musikgenies mit Klangerlebnissen der hier entstandenen Werke (Rathausgasse 10, www.beethovenhaus-baden.at; Di.–So. 10.00 bis 18.00 Uhr). Immer einen Besuch wert ist das **Festival La Gacilly-Baden**: großformatige Fotowelten, die sich auf einer Open-Air-Galerie von 7 km Länge über Parks und Innenstadt verteilen (https://festival-lagacilly-baden.photo/de, Mitte Juni – Mitte Okt., freier Eintritt).

AKTIVITÄTEN
Das **Thermalstrandbad** (1926) in Secessionsstil und Art déco ist ein Juwel der Bäderarchitektur. Als Reminiszenz an die einstigen österreichischen Seebäder bekam es einen 3700 m² großen Sandstrand (Helenenstraße 19; Mai bis Sept. 8.00/8.30–18.00/19.00 Uhr). Rund ums Jahr währt der Badespaß in der **Römertherme** (Brusattiplatz 4, www.roemertherme.at; tgl. ab 10.00 Uhr).
Ein Glaserl Wein gehört seit der Römerzeit mit zum Baden-Programm. Am **Heurigen-Telefon** (Tel. 02252 45 64 0) und im Tourismusbüro erfährt man, wo gerade ausg'steckt ist.

UMGEBUNG
Kurortcharme, Heurigenbesuche und Badefreuden bietet auch **Bad Vöslau.** Schmuckstück des Städtchens (11 700 Einw.) ist das Thermalbad Vöslau, 1926 im Retrojugendstil errichtet. Zum künstlerischen Programm zählen Fresken und Statuen. Herzstück ist das von der Ursprungsquelle aus 700 m Tiefe gespeiste Grüne Becken (Maital 2, www.thermalbad-voeslau.at; Mai–Sept., Saunawelt). Ab dem Jahr 1822 wurde in Vöslau Schwimmunterricht erteilt – mit der ersten Schwimmschule für Frauen war man der Zeit weit voraus.

INFORMATION
Tourismus Baden, Brusattiplatz 3, A-2500 Baden bei Wien, Tel. 02252 868 00 60 0, www.tourismus.baden.at
Tourist-Information Bad Vöslau, Schlossplatz 1, A-2540 Bad Vöslau, Tel. 02252 76 16 15 45 www.badvoeslau-tourismus.at

Schlossinsel von Orth an der Donau (oben). Karmel Mayerling (rechts oben). Mönche im Kreuzgang von Heiligenkreuz (rechts unten)

5 Orth an der Donau

Das am Nordufer der Donau gelegene Orth fungiert als wichtigstes „Tor" zum Nationalpark Donau-Auen.

SEHENSWERT
Das **Besucherzentrum** im massigen Renaissanceschloss Orth (überw. 16. Jh.) macht den Lebensraum Donau-Auen mit Erlebnisausstellungen und mit einem Mini-Zoo erfahrbar (schlossORTH Nationalpark-Zentrum, www.donauauen.at/besucherinfo; Ende März–Okt. tgl. ab 9.00 Uhr, Anfahrt Postbus 550 von der U2-Station Aspernstraße). Auf der Schlossinsel bekommt man die Tierwelt der Donau-Altarme zu Gesicht. Nattern genießen Sonnenstrahlen, Sumpfschildkröten, Frösche, Käfer und Libellen bevölkern die Teiche. Hinter dem bruchsicheren Glas der Unterwasser-Beobachtungsstation ziehen Karpfen und Sterlets-Störe ihre Runden.

AKTIVITÄTEN
Ausgangspunkt für Nationalpark-Erlebnisprogramme ist das Donau-Ufer (2,5 km südl.). Geführte Kanu- und Schlauchboot-Touren erschließen Altarme der Donau, Fotosafaris und Beobachtung der Hirschbrunft stehen auf dem Besucherprogramm. Ein Fernglas leistet gute Dienste bei der Tierbeobachtung.

6 Carnuntum

Die Ausgrabungen der Römerstadt gewähren Einblicke in das Leben an der Peripherie des Römischen Reichs (um 70 n. Chr. bis Ende 4. Jh.). In der Völkerwanderung ging die Militär- und Zivilstadt unter, wurde aber nie überbaut.

SEHENSWERT
Im **Archäologischen Freilichtpark** wurden typische Gebäude vom Bürgerhaus bis zur Landvilla rekonstruiert und für Besucher zugänglich gemacht. Für hohen Komfortstandard spricht die mit Fußbodenheizung ausgestattete Therme. Ein Spaziergang über Felder erschließt das Amphitheater der einstigen Zivilstadt, wo sich bis zu 13 000 Besucher an Gladiatorenkämpfen ergötzten. Zu den jüngsten Rekonstruktionen zählt eine 14 m durchmessende Übungsarena der Kämpfer. Von Roms einstiger Größe kündet das monumentale Heidentor 900 m südl. der Zivilstadt (Hauptstraße 1A, Petronell-Carnuntum, www.carnuntum.at; Mitte März–Mitte Nov. tgl. 9.00–17.00 Uhr, Anfahrt Schnellbahn S7 bis Petronell-Carnuntum). Im nahen Bad Deutsch-Altenburg vergegenwärtigt das **Museum Carnuntinum** anhand Tausender Exponate das Alltagsleben am Donaulimes (Badgasse 40; Mitte März–Mitte Nov. tgl. 9.00–17.00 Uhr).

VERANSTALTUNGEN
Beim **Kinderfest** (Mitte Juni), beim **Fest der Spätantike** (Mitte August) und beim **Römerfest** (Mitte Sept.) erfüllen Gladiatorenkämpfe, Reit- und Handwerksvorführungen sowie eine Modenschau das Ensemble mit Leben.

PAPPELWOLLE UND KARPFEN SERBISCH

Von Orth an der Donau erschließt ein Rundweg einen der schönsten Abschnitte des Nationalparks Donau-Auen. Unterwegs verwöhnt Humers Uferhaus mit Fischspezialitäten.

Eben verläuft der Wanderweg (erst gelb, dann rot), der von Orth hinab zur Donau führt und die verschiedenen Lebensräume des Nationalparks Donau-Auen wie auf einem Silbertablett präsentiert. Uralte Baumriesen stehen zum Auftakt als schattiges Spalier. Die vom Alter oder von Unwettern gefällten Bäume bilden die Basis für neues Leben – ins morsche Holz ziehen Insekten ein, die wiederum Vögel anlocken. Im Frühjahr hallt das Hämmern der Spechte durch die Lüfte, Pappelwolle treibt durch das Unterholz. Jenseits des Hochwasserschutzdamms schließt sich die dynamische Au an, die sich bei Überflutungen in ein Sumpfgebiet verwandelt. Die Route schmiegt sich nun an einen Seitenarm der Donau. Wer sich ruhig verhält, bekommt mit Glück einen Reiher oder einen Eisvogel zu sehen, der sich auf der Jagd nach silberglänzenden Fischchen in die Fluten stürzt. Immer wieder tun sich blumenübersäte Lichtungen im Urwald auf.

Am großen Strom bietet Humers Uferhaus nicht nur Fischspezialitäten, sondern auch Logenblicke auf die Donau. „Der Karpfen auf serbische Art, nach einem Rezept meiner Großmutter resch und knusprig gebraten, ist seit 80 Jahren die Nummer 1", erzählt Hausherr Georg Humer III.

Ausgangspunkt beim schlossORTH Nationalpark-Zentrum (www.donauauen.at/besucher info); Dauer hin und retour: 2–2,5 Std. **Anfahrt** mit Postbus-Linie 550 (von U2-Station Aspernstraße) nach Orth. **Rückfahrt** alternativ von „Humers Uferhaus" mit der Fähre (Mitte März–Anf. Okt.) nach Haslau übersetzen und mit der Schnellbahn S7 zurück nach Wien. **Humer's Uferhaus**: Orth an der Donau, Tel. 0664 180 03 22, www.uferhaus.at; Mai–Sept. Do.–Di., Febr., April u. Okt. Do.–So. tgl. ab 10.00 Uhr. **Donaufahrten** mit der „Tschaike", einem nach historischen Vorbildern gebauten Donauschiff (www.schiffmuehle.at; April–Okt. So. und Fei. um 14.00 und 15.30 Uhr)

Im Uhrzeigersinn von oben links: Hop-on-hop-off-Bus, Wiener Schnitzel im Centimeter in der Lenaugasse, Kaffeepause mit Blick auf Stephansdom.

HILFREICH & NÜTZLICH

Praktische Informationen für die Reise und einiges Wissenswerte für den Aufenthalt in Wien haben wir hier für Sie zusammengetragen.

Anreise

Mit dem Auto: Aus Süddeutschland vom Grenzübergang Salzburg über die A 1 nach Wien; aus dem Osten Deutschlands führt die kürzeste Route über Tschechien (Prag/Brünn, dann E461). Für die Benutzung der österreichischen Autobahnen ist eine Vignette Pflicht (www.asfinag.at). Man erhält Vignetten für einen oder zehn Tage, zwei Monate oder ein Jahr.
Mit der Bahn: Als internationaler Bahnknotenpunkt ist Wien sehr gut an das deutsche und Schweizer Fernbahnnetz angebunden. Wichtigste Drehscheibe ist der Hauptbahnhof, 3 km südlich des Stephansplatzes (U1 ins Zentrum); der Bhf. Meidling (U6), letzte Station vor Hbf., ist gut an die westlichen Bezirke angebunden. Der Westbahnhof wird nur noch von der WESTBahn ab Salzburg genutzt. Infos: www.db.de, www.oebb.at, www.westbahn.at.
Mit dem Bus: Fahrtdauer z.B. von München ca. 5,5 Std., von Berlin ca. 10 Std. (Flixbus, www.flixbus.de; 7 Stationen in Wien).
Mit dem Flugzeug: Nonstop-Flugverbindungen bestehen aus vielen deutschen Städten und aus der Schweiz zum Vienna International Airport (VIE, www.viennaairport.com) in Schwechat, 16 km südöstl. des Stadtzentrums. Vom Flughafen verkehren Railjet-Züge (nonstop, ca. 15 Minuten), die Schnellbahn-Linie S 7 (ca. 23 Minuten) und REX-Züge (ca. 20 Min.) regelmäßig in die Stadt (u.a. Hauptbahnhof). Der City Airport Train (CAT, halbstündlich) bedient den Bahnhof Wien-Mitte). Auch Airport- Busse steuern Ziele in der Stadt an, etwa Schwedenplatz (20 Min., von dort 10 Min. zu Fuß zum Stephansplatz), Westbahnhof oder Rathaus. Die Taxifahrt in die Innenstadt kostet – je nach Anbieter – ab 30 €. Die Fahrtdauer beträgt ca. 30 Min.

Auskunft

Tourist-Info Wien mit Büro in der Innenstadt (Albertinaplatz/Ecke Maysedergasse, Rückseite der Staatsoper; tgl. 9.00–18.00 Uhr) und am Flughafen (Ankunftshalle; tgl. 9.00–18.00 Uhr), Hotels & Info Tel. +43 12 45 55 (Mo.–Fr. 9.00 bis 17.00 Uhr), im **Internet** unter www.wien.info.

Einreise

Für die Einreise nach Österreich sollten deutsche Staatsbürger einen gültigen Personalausweis dabei haben, Schweizer Bürger benötigen für die Einreise eine gültige Identitätskarte oder einen gültigen Reisepass (max. fünf Jahre abgelaufen).

Essen und Trinken

In der Wiener Küche steckt neben österreichischer Kochkunst viel aus den einstigen Kronländern Böhmen und Ungarn, zudem spielen bayerische, italienische und dalmatische Einflüsse eine Rolle. Das ergibt eine genussvolle,

Info

Daten & Fakten

Stadt und Bewohner: Wien erstreckt sich über eine Fläche von 415 km². Die Hälfte davon ist Grünland. Derzeit leben rund 2 Mio. Menschen in Wien; im Großraum Wien sind es rund 3 Mio. (33 % der rund 9,1 Mio. Einw. Österreichs). Knapp 35 % sind römisch-katholisch, knapp 12 % islamisch, gut 4 % christlich-orthodox und gut 3 % evangelisch.
Verwaltung: Wien ist die Hauptstadt von Österreich und zugleich eines der neun österreichischen Bundesländer. Der Wiener Gemeinderat ist damit zugleich Landtag und der Bürgermeister auch Landeshauptmann. Seit 1945 ist die Sozialdemokratische Partei Österreichs stärkste politische Kraft in der Hauptstadt, die sich in 23 Bezirke gliedert. Die Altstadt ist der 1. Bezirk; die Bezirke 2 bis 9 und der 20. bilden die „Innenbezirke", alle anderen sind „Außenbezirke".
Wirtschaft: Wien ist neben New York und Genf dritter Sitz der Vereinten Nationen und damit auch Sitz von UNO-Institutionen wie der Organisation für Sicherheit und Zusammenarbeit in Europa. Auch die Mehrheit der großen österreichischen Konzerne haben neben vielen ausländischen ihren Sitz in Wien. So stellen Handel und Verwaltung auch die meisten Arbeitsplätze, die Wien zu den wohlhabendsten Regionen Österreichs machen. Wichtiger Wirtschaftsfaktor ist der Tourismus. Nach dem Einbruch der Besucherzahlen aufgrund der Corona-Pandemie ging es wieder steil nach oben! 2024 wurden 18,9 Mio. Übernachtungen verzeichnet.

aber meist auch recht deftige Melange. Bei den **Fleischgerichten** haben die Wiener eine große Vorliebe haben für Paniertes. An erster Stelle steht das **Wiener Schnitzel,** ein zartes Stück Kalbfleisch, das in Mehl, Ei und Bröseln gewendet und goldbraun ausgebacken wird; **Backhendl** (paniert!) ist ein weiterer Klassiker. Dazu passt ein Erdäpfelsalat (Kartoffelsalat). Eine lange Tradition hat das gekochte Rindfleisch – Gipfel der Genüsse ist der **Tafelspitz** (s. auch S. 32). Nicht alle mögen die **Innereienküche** – von Leber über geröstete Nierndln (Nieren) und Beuschl (Lungenragout) reicht das Spektrum bis zum Kalbsbries (Thymus). Von ungarischen Wurzeln kündet das **Gulasch**, böhmisch der **Schweinsbraten** mit Knödel und Kraut. **Würstel** in allen Variationen sind Klassiker für zwischendurch. Was in Deutschland als Wiener Würstchen bekannt ist (und auch in Wien erfunden wurde), läuft in Wien unter Frankfurter. Mit rauchigem Geschmack kommen die Waldviertler daher. In der Käsekrainer steckt Käse, dazu kommen süßer oder scharfer Senf, ein paar Silberzwiebeln oder Pfefferoni. **Süßspeisen:** Ganz oben stehen die Palatschinken (Pfannkuchen); beinahe unendlich sind die Variationen, etwa mit Topfenfüllung (Quark). Unbedingt kosten sollte man die aus dem Böhmischen stammenden Buchteln (Rohrnudeln) mit oder ohne Füllung. Apfelstrudel, Milchrahmstrudel und Kaiserschmarrn sind weitere Dessertklassiker. Die legendärste der Wiener Torten ist die Sachertorte mit viel Schokolade und etwas Marillenmarmelade. Wien hat eine lange **Weinbautradition** und ist weltweit für seine Heurigen bekannt. Beliebt ist der würzige Grüne Veltliner. Eine Renaissance erlebt der „Wiener Gemischte Satz" aus mehreren Rebsorten, die im selben Weingarten wachsen.

Restaurantempfehlungen stehen im Info-Teil der jeweiligen Kapitel.

Preiskategorien

€€€	Hauptspeisen	über 30 €
€€	Hauptspeisen	15–30 €
€	Hauptspeisen	unter 15 €

Gesundheit

Mit der **Europäischen Krankenversicherungskarte** (EHIC) haben EU-Bürger auch in Österreich Anspruch auf kostenlose Behandlung in öffentlichen Krankenhäusern und bei Vertragsärzten. Sollten dennoch Kosten anfallen, übernimmt diese gegen Vorlage der Quittungen in der Regel die Krankenkasse im Heimatland.
Eine private Auslandskrankenversicherung ist dennoch ratsam, da deutsche Krankenkassen beispielsweise keine Kosten für einen Krankenrücktransport erstatten.

Nahverkehrsmittel

Das Netz an **Öffentlichen Verkehrsmitteln** ist mit fünf U-Bahn Linien, 29 Straßenbahn- und 131 Autobuslinien dicht geknüpft und preiswert. Am bequemsten ist man mit Netzkarten unterwegs (24 Std./8 €; 48 Std./14,10 €/ 72 Std. 17,10 €, 7 Tage digital 19,70 €, Papier 22,60 €). Man erhält die Tickets an Fahrkartenautomaten, in Vorverkaufsstellen (u.a. Stephansplatz, Karlsplatz), in vielen Tabak-Trafiken, im Online-Shop (s.u.) oder per WienMobil-App. In Bus oder Straßenbahn gibt es Einzelfahrscheine am Automaten (2,40 €). In der Vienna City Card ist die Nutzung der „Öffis" inbegriffen. **Info**: www.wienerlinien.at.

Notruf

Euro-Notruf: Tel. 112
Feuerwehr: Tel. 122
Polizei: Tel.133
Ambulanz/Rettung: Tel. 144
Ärzte-Notdienst: Tel. 141
Apotheken (24 Std.): Tel. 1455
ViennaMed Ärzte-Hotline für Gäste (24 Std.): Tel. 01 513 95 95
Zahnärztlicher Nacht- und Wochenenddienst: Tel. 01 512 20 78
Auto-Pannendienst: ÖAMTC Tel. 120

Stadtbesichtigungen

Besonders flexibel ist man mit den gelben Hop-on-Hop off-Bussen von Vienna Sightseeing Tours (www.viennasightseeing.at) unterwegs, die auf drei Routen durch die Stadt pendeln. Zwei Sightseeing-Routen bietet Big Bus Vienna – die beste Sicht auf Karlskirche und Co. hat man vom Oberdeck (www.bigbustours.com). Die Gassen im Zentrum, rund um den Stephansplatz, steuern die Busse nicht an. Von der klassischen Altstadt-Tour über Musik- und Jugendstil-Führungen bis zu Erkundungen in den Vororten reicht das Spektrum der geführten **Spaziergänge,** umfangreich etwa beim Verein Wiener Spaziergänge (www.wienguide.at).
Sightseeing am Ring lässt sich auch mit einer Straßenbahn machen. Die schönsten Abschnitte – vom Schottentor bis Schwarzenbergplatz – werden von den Linien 1, 71 und D bedient. Von April bis Okt. lässt sich Wien auch vom Wasser aus erkunden. Im Angebot der DDSG Blue Danube sind **Schifffahrten** auf dem Donaukanal und der Donau ebenso wie Themen-Cruises, etwa die „Heurigenfahrt mit Wiener Liedern" (Do.). Ausgangspunkte sind die Schiffsstation Wien City am Schwedenplatz (östl. Altstadt) und die Anlegestelle bei der Reichsbrücke über die Donau und die Neue Donau (www.ddsg-blue-danube.at).

Info

Geschichte

um 400 v. Chr. Keltische Siedlung.
97 n. Chr. Gründung der römischen Grenzfestung Vindobona.
1137 Erste Erwähnung als Stadt. Seit 1155 Residenz der Babenberger Herzöge.
1278 Schlacht auf dem Marchfeld um das Erbe der Babenberger. Sieg der Habsburger unter dem römisch-deutschen König Rudolf I.
1365 Gründung der Wiener Universität.
1529 Erste Belagerung Wiens durch die Türken. Sie bleibt wie diejenigen von 1532 und 1683 erfolglos.
1679 Die Pest fordert ca. 30 000 Opfer.
17. Jh. Barocker Bauboom („Vienna gloriosa"); Schloss Belvedere wird gebaut.
1740 Maria Theresia (1717–1780) besteigt den Thron. Nach ihrem Tod regiert ihr Sohn Joseph II. bis 1790 auch als römisch-deutscher Kaiser.
1791 Tod des Komponisten Wolfgang Amadeus Mozart (1756–1791).
1805–1809 Franzosen unter Napoleon besetzen Wien. Auf dem Wiener Kongress 1814/1815 wird Europa neu geordnet.
1850 Die Vorstädte werden eingemeindet.
ab 1858 Bau der Ringstraße
1880–1910 Starker Zuzug aus Böhmen, Mähren und Ungarn. Die Einwohnerzahl steigt von 1,2 auf 2,1 Mio.; 1890 Erweiterung Wiens auch durch den äußeren Kreis der Vororte.
1914–1918 Erster Weltkrieg. Die Donaumonarchie zerfällt 1918. Österreich wird Republik mit Wien als Hauptstadt.
1933/1934 Die christliche Ständeregierung setzt verfassungsmäßige Rechte außer Kraft (Austrofaschismus).
1938 „Anschluss" ans nationalsozialistische Deutschland; Österreich wird zum „Reichsgau Ostmark".
1939–1945 Zweiter Weltkrieg. Nach Kriegsende und schwersten Zerstörungen Aufteilung Wiens wie Österreichs in je vier Besatzungszonen durch die Siegermächte.
1955 Staatsvertrag nach Jahren des Wiederaufbaus: Österreich wird wieder souverän.
1976–1978 Erste U-Bahn-Strecken in Wien.
1995 Österreich tritt der Europäischen Union bei. Der Euro wird 2002 Zahlungsmittel.
1996 Schloss Schönbrunn wird UNESCO-Welterbe, 2001 auch die Wiener Altstadt.
2011 Otto Habsburg (1912–2011) wird in der Kapuzinergruft beigesetzt.
2018 100. Todestag von Gustav Klimt, Egon Schiele, Otto Wagner und Koloman Moser.
2019 Tod der Wiener Formel-1-Legende Niki Lauda.
2024 Zum dritten Mal in Folge erhält Wien die Auszeichnung als „lebenswerteste Stadt der Welt".
2025 Wien feiert den 200. Geburtstag von Walzerkönig Johann Strauss Sohn.

Stilvoll und kostspielig zugleich sind die **Fiaker-Fahrten** durch die Innere Stadt. Vom Stephansdom, Petersplatz, Heldenplatz und Albertinaplatz starten die Kutschen zur kleinen Runde (20 Min./etwa 60 €) oder zur großen (40 Min./ etwa 105 €). Auch in Schönbrunn und am Zentralfriedhof sind Fiaker unterwegs.

Unterkunft

Das **€€€ Sacher Wien** hinter der Staatsoper gehört seit 1876 zu den Top-Adressen Europas. An Luxus lässt das Haus nichts zu wünschen übrig (Philharmonikerstraße 4, A-1010 Wien, Tel. 01 514 560, www.sacher.com; 179 Zi.).
Das stylishe **€€€ Hotel Topazz Lamee** besticht durch seine perfekte Lage: zentral, aber doch ein paar Ecken vom Rummel des Stephansplatzes entfernt (Lichtensteg 3, A-1010 Wien, Tel. 01 532 22 50, www.hoteltopazzlamee.com). Für ökobewusste Besucher ist das **€€–€€€ Boutique Hotel Stadthalle** eine logische Wahl (s. S. 101). Einen lässigen Aufenthalt verheißt das **€€ 25hours Hotel.** MuseumsQuartier und Ringstraße mit Museen liegen um die Ecke. Das Interieur besticht durch knallige Farbgestaltung und Vintage-Möbel. Grandios ist der Ausblick über die City vom Aussichtslokal „Dachboden". (Lerchenfelder Straße 1/3, A-1070 Wien, Tel. 01 52 15 10, http://www.25hours-hotels.com, 183 Zi. und 34 Suiten).

Das **€€€/€€ Parkhotel Schönbrunn** kombiniert das Flair der Kaiserzeit mit modernster Ausstattung (Hietzinger Hauptstraße 10–14, A-1130 Wien, Tel. 01 87804, www.austria-trend.at/de/hotels/parkhotel- schonbrunn; 312 Zi.).
Das im Trendviertel Spittelberg, aber dennoch ruhig gelegene Traditionshotel **€€€ Maria Theresia** startet Ende 2025 nach Renovierung neu durch; mit italienischem Restaurant, Bar und Terrasse (Kirchberggasse 6, A-1070 Wien, http://www.miirohotels.com/maria-theresia, 132 Zi.).
Das Designhotel **€€ Zeitgeist Vienna** am Wiener Hauptbahnhof (300 m) bietet zum Stadturlaub auch das Entspannungsprogramm mit Sauna, Fitnessraum und Dachterrasse (Sonnwendgasse 15, A-1100 Wien, Tel. 01 90265, www.zeitgeist-vienna.com; 254 Zi.).
Nicht nur für Familien ein Tipp ist das im Bezirk Simmering an der U 3 gelegene **€€ JUFA Hotel Wien City.** Das Haus ist modern eingerichtet, es gibt einen Fahrradverleih und eine Sonnenterrasse sowie gegen Aufpreis eine hoteleigene Tiefgarage (Mautner-Markhof-Gasse 50, A-1110 Wien, Tel. 05 708 37 00, www.jufa.eu/hotel/wien; 157 Zi.). **€€ Magdas Hotel** im ruhigen 3. Bezirk ist ein Projekt der Caritas und beschäftigt sowohl Hotelprofis als auch ehemalige Flüchtlinge. Auf die Gäste warten Zimmer im Upcycling-Design – keines gleicht dem anderen (Ungargasse 38, A-1030 Wien, Tel. 01 720 02 88, www.magdas-hotel.at; 85 Zi.).

Preiskategorien

€€€	Doppelzimmer	über 220 €
€€	Doppelzimmer	110–220 €
€	Doppelzimmer	unter 110 €

Veranstaltungen

Jan. Neujahrskonzert der Wiener Philharmoniker
Febr./März Opernball, Höhepunkt des Wiener Faschings (letzter Do. vor Aschermittwoch)
April Vienna City Marathon
Mai/Juni Wiener Festwochen, Sommernachtskonzert der Wiener Philharmoniker im Schlosspark Schönbrunn
Juni Regenbogenparade, Donauinselfest
Juni/Juli Jazzfest Wien
Juli/Aug. Musikfilmfestival am Rathausplatz. Staatsoper, Volksoper Burgtheater, Akademietheater geschl.; Sängerknaben in den Ferien, Hofreitschule mit reduziertem Programm
Ende Sept./Anf. Okt. Lange Nacht der Museen
Ende Okt./Anf Nov. Viennale Film-Festival
Nov. Beginn der klassischen Ballsaison am 11.11. (bis Aschermittwoch), Musikfestival Wien Modern
Dez. Weihnachtsmärkte (u. a. Rathaus, Schönbrunn, Spittelberg, Altes AKH)

Das Wiener Riesenrad dreht schon seit fast 130 Jahren seine Runden.

REGISTER

Fette Ziffern verweisen auf Abbildungen

IMPRESSUM

DUMONT Bildatlas Wien, 5. Aufl. 2025
ISBN 978-3-616-01249-0

Redaktion: Birgit Borowski
Text: Stefan Spath
Exklusiv-Fotografie: Toni Anzenberger
(Abb. auf S. 6 u.l., 10/11, 40, 41, 42, 43, 90, 91, 92, 93, 100 mit freundlicher Genehmigung der Schloss Schönbrunn Kultur- und Betriebsgesellschaft m.b.H. in Wien)
Zusätzliches Bildmaterial: S. 3, 37, 52, 82 u. Toni Anzenberger; 53 laif/Peter Rigaud, 74 o. © MuseumsQuartier Wien, Foto: Thomas Meyer, 86 r. Peter Kainz/Karlskirche; 101 Boutique Hotel Stadthalle; 110 r., 111 o.r. Stefan Spath, 118 laif/Evelyn Rois & Bruno Stubenrauch, 120 o. mauritius images/blickwinkel; 120 u., 121 u.l. Toni Anzenberger; 121 u.r. mauritius images/Westend61/AustrianImages; 121 o. DUMONT Bildatlas/Ernst Wrba
Grafische Konzeption: fpm factor product münchen
Covergestaltung, Layout: CYCLUS · Visuelle Kommunikation, Stuttgart
Kartografie: © KOMPASS-Karten GmbH, A-6020 Innsbruck; MAIRDUMONT, D-73760 Ostfildern; Kartografie Lawall D-72669 Unterensingen (Karten für »Unsere Favoriten«)
Reproduktionen: PPP Pre Print Partner, GmbH & Co. KG, Köln

Lob oder Kritik? Wir freuen uns auf eine Nachricht! Trotz gründlicher Recherche schleichen sich manchmal Fehler ein. Wir bitten um Verständnis, dass der Verlag dafür keine Haftung übernehmen kann.
Redaktion DUMONT Reise · MAIRDUMONT · info@dumontreise.de

Anzeigenvermarktung: MAIRDUMONT MEDIA,
Tel. 0711/4502-0, Fax 0711/4502-1012, media@mairdumont.com, http://media.mairdumont.com

Printed in Germany

FSC
www.fsc.org
MIX
Papier | Fördert gute Waldnutzung
FSC® C155291

Urlaub erinnern …

Wenn jemand eine Reise tut, dann kann er was erzählen. Und nicht nur das: Er nimmt auch etwas mit. Erinnerungen an die schönste Zeit im Leben.

WIENTRÄUME IM MINIFORMAT

Kitschig und originell zugleich – diesen Spagat schafft die Original Wiener Schneekugel spielend. In den wassergefüllten Glasballons haben Riesenrad, Stephansdom oder Lipizzaner Platz. Kräftig schütteln, und schon steigt aus dem Flockenwirbel die eine oder andere schöne Wien-Erinnerung empor. Erhältlich auch unter www.schneekugel.at.

WIENER ORIGINAL

Wenn Qualitätsrebsorten aus ein und demselben Wiener Weingarten gemeinsam gelesen und verarbeitet werden, kommt ein Original heraus: „der Wiener Gemischte Satz DAC" – die Herkunftsbezeichnung steht für **D**istrictus **A**ustriae **C**ontrollatus. Eine oder mehrere Flaschen mitnehmen und bei Wien-Sehnsucht gut gekühlt genießen. Am besten mit einem klassischen Heurigenbuffet.

WIENER KLÄNGE

Wiens Liedermacher sind schwer im Kommen. Aktuell liefern etwa Ernst Molden und Der Nino aus Wien Songs zum Eingrooven auf die Donaumetropole.

WIENER WELTLITERATUR

Wie ein Kartenhaus brach im Herbst 1918 die Donaumonarchie in sich zusammen. Niemand beschrieb die Abenddämmerung des Hauses Habsburg so pointiert und wehmütig wie Joseph Roth. Sein Roman „Radetzkymarsch" ist die perfekte Lektüre vor und nach dem Besuch in einer Stadt, in der die Habsburger-DNA noch immer präsent ist.

ALLE ZEIT DER WELT

Wenn der Wind durch die Straßenschluchten pfeift und Regen die Fassaden in Grau hüllt, hat sich nur eins bewährt: Auf ins Kaffeehaus! Eine Melange, dazu eine Mehlspeise, den Moment genießen und sehen, was einem der Tag noch so bringt. Das ist eine Lebenseinstellung, die einem auch zu Hause durchaus hilfreich sein kann.

KLIMT DIGITAL

Wiens Top-Museen brillieren auch in digitaler Präsentation. Interaktive Webseiten, Apps und smarte Tools bringen den Kunstfreunden Hunderte Meisterwerke in verblüffenden Details näher. Das verkürzt die Zeit bis zum nächsten Besuch beim Original.

TATORT WIEN

Ein bisschen Wien-Feeling in heimische Gefilde hinüber retten: Wenn Moritz Eisner (Harald Krassnitzer) und Bibi Fellner (Adele Neuhauser) im Österreich-Tatort auf Verbrecherjagd gehen, haben Grantler, Strizzis und Charmeure ihren Auftritt. Und der Wiener Schmäh nimmt Platz auf der Wohnzimmercouch.

»DIE STRASSEN WIENS SIND MIT KULTUR GEPFLASTERT. DIE STRASSEN ANDERER STÄDTE MIT ASPHALT.« Karl Kraus

TORTE MIT KULTFAKTOR

In hübsche Holzkistchen verpackt, macht die Schoko-Kulttorte aus Wien Naschkatzen zu Hause glücklich. Zu einem stolzen Preis wird sie auch geliefert. Günstiger ist das Selberbacken – etwa nach dem „annähernden" Rezept, welches das berühmte Hotel Sacher online gestellt hat. Das Originalrezept halten die Gralshüter der Torte geheim!

GLÜCKSELIGKEIT IM WALZERTAKT

Öfter angedacht, nie in die Tat umgesetzt: einmal in die Wiener Ballsaison eintauchen! Eingerostete Walzerkenntnisse sind keine Ausrede – die Wiener Tanzschulen bieten Grund-, Auffrischungs- und sogar Crashkurse an. Und vielleicht liegt ja wirklich Glückseligkeit im Walzertakt – jedenfalls erinnert man sich daran gern auch zuhause und legt vielleicht sogar auf dem heimischen Parkett ein Tänzchen hin.

LIEFERBARE AUSGABEN

SPANIEN NORDEN / JAKOBSWEG

Berge und Wellen
Aktivurlauber sind hier im Glück: Vormittags bergwandern, nachmittags ein Bad im Meer – geht problemlos!

Galicische Küche
Wer Fisch und Meeresfrüchte liebt, ist im Norden Spaniens goldrichtig!

Bilbao
... hat touristisch mächtig aufgeholt, vor allem dank des berühmten Museo Guggenheim Bilbao von Stararchitekt Frank O. Gehry.

www.dumontreise.de

JAPAN

Tokio
Mehr Großstadtfeeling als in Japans Megacity geht nicht!

Heiße Quellen
Ideal nach einer Stadtbesichtigung: ein paar Stunden im Onsen und man fühlt sich wie neugeboren!

Raus in die Natur!
Mit ein bisschen Zeit kann man in das ländliche Japan eintauchen, auf alten Pilgerwegen wandern und die phantastische Naturvielfalt des kleinen Landes entdecken.

DEUTSCHLAND
Allgäu
Altmühltal
Bayerischer Wald
Berlin
Bodensee
Brandenburg
Chiemgau, Berchtesg. Land
Dresden, Sächsische Schweiz
Eifel, Aachen
Elbe und Weser, Bremen
Franken
Frankfurt, Rhein-Main
Freiburg, Basel, Colmar
Hamburg
Hannover zw. Harz und Heide
Harz
Leipzig, Halle, Magdeburg
Lüneburger Heide
Mecklenburgische Seen
Mecklenburg-Vorpommern
Mosel
München
Münsterland
Nordseeküste Schleswig-Holstein
Oberbayern
Odenwald, Heidelberg
Osnabrücker Land
Ostfriesland
Ostseeküste Mecklenburg-Vorpommern
Ostseeküste Schleswig-Holstein
Pfalz
Rhein zw. Köln und Mainz
Rhön
Rügen, Usedom, Hiddensee
Ruhrgebiet
Saarland
Sachsen
Schwarzwald Norden
Schwarzwald Süden
Spreewald, Lausitz
Stuttgart, Schwäbische Alb
Sylt, Amrum, Föhr
Teutoburger Wald
Thüringen
Weserbergland

BENELUX
Amsterdam
Flandern, Brüssel
Niederlande

FRANKREICH
Bretagne
Côte d'Azur
Elsass
Frankreich Südwesten Okzitanien
Französische Atlantikküste
Korsika
Normandie
Paris
Provence

GROSSBRITANNIEN/IRLAND
Irland
London
Schottland
Südengland

SÜDEUROPA
Apulien, Kalabrien
Gardasee
Golf von Neapel, Kampanien
Istrien, Kvarner Bucht
Italien, Norden
Kroatische Adria
Malta
Oberitalienische Seen
Piemont, Turin
Rom
Sardinien
Sizilien
Slowenien
Südtirol
Toskana
Venedig, Venetien

GRIECHENLAND/ZYPERN/TÜRKEI
Istanbul
Kreta
Türkische Südküste, Antalya
Zypern

MITTEL- UND OSTEUROPA
Baltikum
Danzig, Ostsee, Masuren
Krakau, Breslau, Polen Süden
Prag

ÖSTERREICH/SCHWEIZ
Kärnten
Salzburger Land
Schweiz
Tirol
Wien

SPANIEN/PORTUGAL
Algarve
Andalusien
Barcelona
Gran Canaria, Fuerteventura, Lanzarote
Kanarische Inseln
Lissabon
Madeira
Mallorca
Porto, Portugal Norden
Spanien Norden, Jakobsweg
Teneriffa, La Palma, La Gomera, El Hierro

SKANDINAVIEN/NORDEUROPA
Dänemark
Finnland
Hurtigruten
Island
Norwegen Norden
Norwegen Süden
Schweden Süden, Stockholm

LÄNDERÜBERGREIFENDE BÄNDE
Donau – Von der Quelle bis zur Mündung
Freiburg, Basel, Colmar

AUSSEREUROPÄISCHE ZIELE
Australien Osten, Sydney
Australien Süden, Westen
Bali, Lombok
Costa Rica
Dubai, Abu Dhabi, VAE
Florida
Iran
Israel, Palästina
Japan
Kalifornien
Kanada Osten
Kanada Westen
Kuba
Marokko
Namibia
New York
Saudi-Arabien
Sri Lanka
Südafrika
Thailand
Vietnam